글쓰기에서의
표절과 저작권

김 기 태

지식의날개

국립중앙도서관 출판시도서목록(CIP)

(글쓰기에서의) 표절과 저작권 / 김기태.
— 서울 : 한국방송통신대학교출판부, 2010
　p. ; 　cm. — (아로리총서 : 015. 소통과 글쓰기 : 7)

ISBN 978-89-20-00221-2 04080 : ₩5900

저작권[著作權]
표절[剽竊]

011.2-KDC4
346.0482-DDC21　　　　　　　　　　CIP2010000290

글쓰기에서의

표절과 저작권

ⓒ 김기태, 2010

2010년 2월 10일 초판 1쇄 펴냄
2013년 3월 30일 초판 3쇄 펴냄

지은이 / 김기태
펴낸이 / 조남철

기획 / 김정규
편집 / (주)동국문화
인쇄 / (주)일홍피앤피

펴낸곳 / (사)한국방송통신대학교출판부
　　　　등록　1982년 6월 7일 제1-491호
　　　　주소　서울특별시 종로구 이화장길 54 (110-500)
　　　　전화　1644-1232
　　　　팩스　(02) 741-4570
　　　　홈페이지 http://press.knou.ac.kr

<지식의 날개>는 한국방송통신대학교출판부의
교양도서 브랜드입니다.

아로리총서 : 소통과 글쓰기-7

글쓰기에서의
표절과 저작권

김 기 태

지식의날개

　바야흐로 '저작권'이 뜨고 있다. 이는 결코 오래 된 일이 아니기에 아직도 실감하지 못하는 사람들이 많을지도 모르겠다. 요사이 지적재산권, 특히 저작권에 대한 인식이 높아지면서 침해자들에 대한 제재도 늘어나는 추세에 있다는 점, 그리고 국제교역의 무대에서도 그 중요성이 매우 커지고 있다는 점에서 그렇다는 것일 뿐, 우리 일상생활과는 그리 밀접하다고 할 수 없을 것이기 때문이다.

　사실 저작권을 침해한 것이 명백하더라도 저작권자의 고소가 있어야 제재가 가능한 저작권법의 친고죄적 성격을 감안한다면 표면화되지만 않았을 뿐 과거에도 많은 침해사례가 있었을 것임을 짐작하기란 어렵지 않다. 또, 우리 전통사회의 습성에 비추어볼 때 "책 도둑은 도둑도 아니다"라는 속설이 용인되는 사회 분위기 속에서 글 도둑 또한 도둑의 범주에 속하지 않는 것으로 생각하는 사람이 많았고, 설혹 자기 글이 도둑맞은 것을 알았다 하더라도 체면상 드러내 놓고 싸우는 것을 피해 법정에까지 가서 흑백을 가리려는 적극적인 노력은 거의 찾아볼 수 없었다. 아울러 재판을 하게 되면 시간과 비용이 많이 드는데다 명예와 직결되는 지적 소산인 저작물을 금전적으로 파악하고 싶지 않다는 의식도 작용했을 것이다. 그리하여 대부분의 저작권 분쟁이 적극적 · 법률적 해결이 아닌 소극적 항의나 합의에 의해 해결되는 경향이 두드러졌던 것으로 보인다.

그런데 이제 저작권자들의 태도가 달라지고 있다. 적극적으로 권리를 행사하는 경우가 늘고 있으며, 이로 인해 본의 아니게 범법자로 전락하는 저작물 이용자들이 늘어나고 있다. 그렇다 보니 앞으로는 저작권 침해문제뿐만 아니라 권리의 오용 내지 남용을 걱정해야 할 지경으로 저작권 환경이 급변하고 있다.

저작권 제도는 최초로 만들어 낸 것에 대한 보호를 목적으로 하는 것이 아니라 창의적 표현 활동을 장려함으로써 문학·예술·과학·문화 등의 발전을 도모하고자 하는 데 근본 목적이 있다. 그럼에도 '표절'과 '저작권 침해'를 둘러싼 시비가 끊이지 않는 우리 현실을 돌아볼 때, 오늘날 글쓰기의 완결성에 입각한 실용성보다는 부수적인 형식의 엄정성만을 강조하는 논문심사 관행, 그리고 각종 학회의 '논문작성규정'이나 일선학교에서의 형식적인 보고서 제출 및 검사 관행은 보다 적극적인 책임에 입각한 글쓰기의 정착과 올바른 인용조건을 충족시키기 위해서라도 개선되어야 할 것으로 판단된다.

이러한 문제의식을 바탕으로 이 책에서는 우리 사회의 여러 분야에서 이루어지고 있는 글쓰기의 구체적인 문제점이 무엇인지 살펴보고, 대안으로서 올바른 인용의 조건과 방식은 무엇인지 제시하고자 한다.

이 책의 구성과 주요 내용은 다음과 같다.

'제1장 저작권이란 무엇인가?'에서는 저작권의 기본적인 개요를 설명하고, 저작인격권 및 저작재산권의 내용에 대하여 구체적으로 살펴보았다. 아울러 저작인접권의 주요 내용도 부연하여 설명하고 있다.

'제2장 표절과 저작권 침해'에서는 "표절이란 무엇인가?"를 필두로 "저작권 침해란 무엇인가?"에 대하여 그 성립요건과 그에 따른 구제와 처벌의 내용에 대해 살피고 있다. 아울러 주요 판례를 통해 개념을 좀더 구체적으로 설명하고 있다.

'제3장 분야별 글쓰기 사례 분석'에서는 먼저 형식주의적 글쓰기의 문제점을 점검하고, 실제적인 '글쓰기 사례 분석'을 통해 문학작품의 저작물성, 표절과 저작권 침해의 구분을 위한 사례 분석, 그리고 인터넷 글쓰기와 저작권 문제에 대하여 살피고 있다.

마지막으로 '제4장 올바른 인용의 조건과 방식'에서는 공표된 저작물의 정당한 인용이 뜻하는 것은 무엇인지를 알아보기 위하여 저작권법상 정당한 인용의 뜻과 함께 올바른 인용의 원칙과 방식에 대하여 살피고 있다. 아울러 인용에 관한 판례를 일목요연하게 제시함으로써 보다 쉽게 인용의 원칙과 방식을 이해할 수 있도록 구성하였다.

아무쪼록 이 책을 만나는 독자들이 저작물의 '이용'과 '인용'을 구별하고, 올바른 인용방식을 이해함으로써 건전한 저작권 환경 속에서 글쓰기의 즐거움을 만끽할 수 있었으면 좋겠다. 남의 물건을 훔치면 안 된다는 도덕의식은 남의 글 또한 훔치면 안 된다는 당위성과 일맥상통한다. 이러한 평범한 진리가 어린 시절부터 우리 국민 모두에게 자연스레 스며들 수 있도록 국가와 사회, 그리고 학교와 가정이 적극 나서야 한다. 나아가 저작권자의 권리 오용과 남용을 방지하기 위한 방안도 함께 강구되어야 한다.

저작권은 곧 문화다. 우리 모두가 함께 가꾸고 지켜야 할 정신유산의 총체가 바로 우리 문화임을 안다면 건강한 저작권 환경을 구축하는 일이야말로 시급한 과제가 아닐 수 없다.

2010년 1월
김기태

chapter 4
올바른 인용의 조건과 방식

부록
저작권 침해 행위와 기소유예제도

chapter 1

저작권이란 무엇인가?

만일 저작권을 보호하지 않는다면 누구든지 마음대로 남의 저작물을 이용할 수 있어서 매우 편리한 점도 많을 텐데 왜 복잡한 법까지 만들어서 보호하려는 것일까? 저작권법은 직접적인 저작권뿐만 아니라 이에 인접하는 권리, 즉 저작인접권도 보호한다. 이는 실연자·음반제작자·방송사업자 등과 같이 저작물의 창작에는 직접적으로 참여하지 않았으나 그 이용과 홍보에는 크게 공헌한 사람들을 배려한다는 뜻을 담고 있다. 아울러 저작권법이 단순히 저작권자나 저작인접권자의 이익만 보호하는 것이 아니며, 오히려 권리자와 이용자 사이의 관계를 합리적으로 규율해 주는 측면이 더 강하다는 점 또한 잊어서는 안 된다.

그런 점에서 저작권 보호장치가 단순히 규제수단이라는 인식은 저작권의 개념 자체를 제대로 이해하지 못하는 것이나 다름없다. 이제 우리는 현대사회의 주요개념으로 부상하고 있는 저작권의 세계로 들어가려고 한다. '아는 만큼 보인다'는 말이 실감날 정도로 저작권의 세계 또한 우리가 잘 모르고 지나쳤던 것들이 무궁무진하다는 사실을 금방 깨닫게 될 것이다.

1. 저작권 개요

'저작권(copyright)'이란 인간의 사상이나 감정을 창작적으로 표현한 저작물을 보호하기 위해 그 저작자에게 부여한 권리를 말한다. 곧 저작물의 창작자에게 자기 저작물의 이용에 관한 배타적인 권리를 부여하고, 그 저작물을 다른 사람이 이용할 때에는 저작권자의 허락을 필요로 하며, 그러한 허락을 얻지 않고 이용하는 행위를 위법으로 규정하는 것이 바로 저작권 보호의 원칙이다. 이처럼 저작권은 저작자의 창의성이나 기술 및 노력을 보호하기 위해 주어지는 권리임에 틀림없다. 하지만 이러한 창조성이 일정한 형태로 표현되기 전까지는 보호받을 수 없다. 원래 저작권은 저작자를 보호하기 위한 것이지만 그 대상은 저작물이기 때문이다.

여기서는 먼저 '저작물'이란 무엇인지, 그리고 '저작자'란 누구를 가리키는지 좀더 구체적으로 살펴보기로 하자.

저작물

지난 2007년 6월 28일부터 발효된 전부개정 저작권법은 보호받는 저작물에 대해 기존의 '문학·학술 또는 예술의 범위에 속하는 창작물'이라는 정의 대신 '인간의 사상 또는 감정을 표현한 창작물'이라는 새로운 정의를 채택하고 있다. 이는 문학·학술·예술의 범주에 속하지 않더라도 인간의 사상 또는 감정을 표현한 창작물이라면 모두 저작물로 인정함으로써 그 범위를 크게 넓혔다는 점에서 의의가 있다. 아울러 외국의 입법례가 저작물을 인간의 사상이나 감정의 결과물 또는 정신적 창작물로 보고 있다는 점, 국내의 학설이나 판례도 저작물을 인간의 사상이나 감정의 결과물로

인식하고 있는 점을 감안하여 이를 반영한 것으로 보인다.●

　실제 판례●를 살펴보더라도 저작권법에서 보호하는 저작물, 즉 창작물이란 저작자 자신의 작품으로서 남의 것을 베낀 것이 아니라는 것과 수준이 높아야 할 필요는 없지만 저작권법에 의한 보호를 받을 가치가 있는 정도로 최소한도의 창작성이 있다는 것을 의미한다. 저작권법이 보호하는 것은 문학 · 학술 또는 예술에 관한 사상 · 감정을 말 · 문자 · 음 · 색 등에 의해 구체적으로 외부에 표현하는 창작적인 표현형식이고, 그 표현되어 있는 내용 즉 아이디어나 이론 등의 사상 및 감정 그 자체는 설사 그것이 창작성이 있다 하더라도 원칙적으로는 저작권법에서 정하는 저작권의 보호대상이 되지 않는다는 것이다. 특히 학술의 범위에 속하는 저작물의 경우 그 학술적인 내용은 만인에게 공통되는 것이고 누구에 대하여도 자유로운 이용이 허용되어야 하는 아이디어의 영역에 속하는 것으로서 그 저작권의 보호는 창작적인 표현형식에 있지 학술적인 내용에 있는 것은 아니라고 할 것이어서, 이러한 학술적인 내용은 그 이론을 이용하더라도 구체적인 표현까지 베끼지 않는 한 저작권 침해로 볼 수 없다고 한다.

　또한 저작물의 구체적인 표현형식이 그 자체로 독창적인 정도는 아니고 기존의 서적, 논문 등과 공통되거나 공지의 사실을 기초로 하고 있다고 할지라도 특정한 이론적 설명에 관해 어떠한 문자를

● 우리 대법원 판례(대법원 2000.10.24. 선고 99다10913 판결 등)에 따르면 저작권법상 창작성이란 완전한 의미의 독창성을 말하는 것은 아니며, 단지 어떠한 작품이 남의 것을 단순히 모방한 것이 아니고 각자 자신의 독자적인 사상 또는 감정의 표현을 담고 있음을 의미할 뿐이어서 이러한 요건을 충족하기 위해 단지 저작물에 그 저작자 나름대로의 정신적 노력의 소산으로서의 특성이 부여되어 있고 다른 저작자의 기존 작품과 구별할 수 있을 정도이면 충분하다고 함으로써 창작성의 정도를 높게 요구하지 않는 입장을 보이고 있다.
❷ 서울중앙지방법원 제4형사부 2005.12.13. 판결, 2005노3375 저작권법 위반

사용하여 어떤 방식으로 서술하느냐는 저자의 창조적인 정신적 노력에 따라 다를 수 있다는 점도 분명히 지적하고 있다. 또, 같은 개념이라도 이를 설명하는 방식은 저자의 창작적 노력에 따라 다를 수 있어 저작자가 자신의 경험 등을 토대로 이용자들이 쉽게 이해할 수 있도록 이론과 문제를 정리하여 나름대로의 표현방식(이론 전개 방식이나 서술내용, 그림, 도표의 사용)에 따라 이론을 설명하거나 문제에 대한 접근방법, 풀이방법 및 관련용어를 설명하는 방법으로 서적을 저술했다면, 단순히 학술적인 내용에 포함되어 있는 정형적(定型的)인 수식(數式)에 의한 계산방법, 전개과정 등을 설명하는 부분과는 달리, 이는 저작자의 창조적인 정신적 노력에 의해 만들어진 작품으로서의 성격을 가지고 있으므로 창작성이 인정된다고 한다. 하지만 그 표현형식이 저작물이 저작되기 이전부터 사용되어 온 것이라면 창작성을 인정하기 어렵다는 점 또한 분명하다.

이러한 저작물의 유형을 구체적으로 살펴보면 다음 페이지에 있는 〈표〉와 같다.

한편, 저작물에 대한 권리로서의 저작권 보호와 관련하여 "거인의 어깨 위 난쟁이는 거인보다 멀리 볼 수 있다"[3]는 말이 있다. 여기서 '거인'이란 현재의 저작자들보다 앞서 창작 활동을 통해 저작물을 남긴 선배 저작자들을 가리킨다는 점에서 창작을 위해서는 다른 사람이 만들어 놓은 저작물을 모방하거나 인용할 수밖에 없다는 점을 강조한 말이다. 다만 난쟁이가 거인의 어깨 위에 올라서는 특권을 누리기 위해서는 거인으로부터 허락을 받아야 하거나

---

[3] 박영길(2003), 「저작권에 있어서의 아이디어 보호」, 저작권심의조정위원회 편, 『계간 저작권』, 제61호(2003. 봄), p.8.

〈표〉 저작물 분류표

분 류	종 류	복제물 형태	비 고
어문 저작물	시(현대시, 시조, 동시), 소설, 수필(에세이, 기행문, 서간문, 일기, 꽁트), 교양물, 평론, 논문, 학습물(교과서, 참고서, 시험문제), 기사, 칼럼, 연설(강연, 설교, 설법), 희곡, 시나리오, 시놉시스, 트리트먼트, 각본, TV 대본, 라디오 대본, 가사, 사용설명서, 브로셔, 기획안 등	인쇄물, 책, 디스켓, CD 등	
음악 저작물	대중가요, 순수음악, 국악, 동요, 가곡, 오페라, 관현악, 기악, 종교음악, 주제가 등	Tape, CD 등	작사-어문 작곡-음악 편곡-2차적 작사 · 작곡-음악
연극 저작물	무용, 발레, 무언극, 뮤지컬, 오페라, 마당극, 인형극, 즉흥극, 창극 등	비디오테이프, CD, DVD 등	
미술 저작물	회화(서양화, 동양화), 서예, 조소(조각, 소조), 판화, 모자이크, 공예, 응용미술 (디자인, 삽화, 캐릭터, 도안, 그래픽), 만화, 로고, 포스트, 그림동화, 캐리커처, 십자수 도안 등	인쇄물, 사진, 디스켓, CD 등	
건축 저작물	건축물, 건축설계도, 건축물 모형	설계도서, CD 등	
사진 저작물	일반, 누드, 풍경, 인물, 광고 등	사진, CD 등	
영상 저작물	극영화, 애니메이션, 방송프로그램, 기록필름, 광고, 게임영상, 뮤직비디오, 교육용 동영상 등	비디오테이프, CD, DVD 등	
도형 저작물	(특수목적)지도, 도표, 설계도(건축설계도 제외), 모형, 지구의, 약도 등	인쇄물, 책, 디스켓, CD 등	
편집 저작물	사전, 홈페이지, 문학전집, 시집, 신문, 잡지, 악보집, 논문집, 백과사전, 교육교재, 카탈로그, 단어집, 문제집, 설문지, 인명부, 전단, 데이터베이스 등	인쇄물, 책, 디스켓, CD 등	
2차적 저작물	원저작물을 번역 · 편곡 · 변형 · 각색 · 영상제작 그 밖의 방법으로 작성한 창작물	위 복제물 중 해당 유형	

* 출처 : 저작권법 시행규칙.

거인에게 그에 따르는 대가를 지불해야 한다는 뜻도 내포하고 있다. 그럼에도 거인과 난쟁이로 비유되는 저작자들이 혼재하는 우리 학계와 예술계에서 표절 및 저작권 침해 문제가 끊임없이 제기되는 이유는 이 같은 저작권 제도의 취지를 제대로 이해하지 못한 결과일 것이다.

저작자

저작자(著作者)란 곧 '저작물을 창작한 사람', '사실상의 저작행위를 함으로써 저작물을 창작해 낸 사람'을 가리킨다. 그러므로 숨겨져 있던 다른 사람의 저작물을 발견했거나 발굴해 낸 사람, 저작물의 작성을 의뢰한 사람, 저작에 관한 아이디어나 조언을 한 사람, 저작을 하는 동안 옆에서 도와주었거나 자료를 제공한 사람 등은 저작자가 될 수 없다. 그리고 저작물의 내용이나 수준은 문제가 되지 않으므로 직업적인 문인이나 학자, 또는 예술가가 아니라도 저작행위만 있으면 누구든지 저작자가 될 수 있다. 따라서 법률상 무능력자로 취급되는 미성년자나 정신이상자라 할지라도 저작행위를 했다면 저작자가 된다. 또한 자연인으로서의 개인뿐만 아니라 단체 또는 법인도 저작자가 될 수 있다. 그리고 저작물에는 1차적저작물뿐만 아니라 2차적저작물과 편집저작물도 포함되어 있으므로 2차적저작물 또는 편집저작물의 작성자 또한 저작자가 된다.

그런데 하나의 저작물에 대해 저작자와 저작재산권자가 서로 다른 사람일 수 있다는 점에서 주의가 필요하다. 현행 저작권법의 규정에 따라 저작인격권은 저작자 일신에 전속되므로 별 문제가 없지만, 저작재산권은 저작자가 전체 또는 부분적인 권리를 제3자에게 양도할 수도 있으므로, 그럴 경우에는 일정권리를 양도받은 사람이 저작재산권자가 되기 때문이다. 나아가 저작재산권은 "저작자의 생존하는 동안과 사망 후 50년간 존속한다"는 규정에 따라 상속이 될 수 있다는 점에서 저작자와 저작재산권자는 구별될 수밖에 없는 경우가 있다. 또, 저작물의 저작자는 1인에 한정되지 않으며 2인 이상의 사상이나 감정이 하나가 되어 구체화된 공동저작물의 경우에는 공동으로 창작한 사람 모두가 저작자가 된다. 저작권법에서는 이런 저작자의 특성과 관련하여 '저작자 등의 추정'[4]과 '업무상저작물의 저작자'[5]에 관한 규정을 별도로 두고 있다.

결국 저작자의 요건으로서는 절대적으로 저작행위가 요구되기 때문에 다음과 같은 사람은 저작자가 될 수 없다.[6]

첫째, 다른 사람에게 저작행위를 위촉하는 자. 위촉자가 수탁자에게 아이디어나 자료를 제공한 경우라 할지라도 위촉에 의한 저작물의 저작자는 수탁자가 된다. 다만, 대작(代作)[7]의 경우에 대작자는 위촉자의 수족으로서 창작을 한 것으로 해석하는 것이 가능한 경우도 있어 위촉자가 저작자로서 통용되는 예가 많이 있다.

---

[4] 저작권법 제8조 (저작자 등의 추정) ① 다음 각호의 1에 해당하는 자는 저작자로 추정한다.
1. 저작물의 원본이나 그 복제물에 저작자로서의 실명 또는 이명(예명 · 아호 · 약칭 등. 이하 같다)으로서 널리 알려진 것이 일반적인 방법으로 표시된 자
2. 저작물을 공연 또는 공중송신하는 경우에 저작자로서의 실명 또는 저작자의 널리 알려진 이명으로서 표시된 자
② 제1항 각호의 1의 규정에 의한 저작자의 표시가 없는 저작물의 경우에는 발행자 또는 공연자로 표시된 자가 저작권을 가지는 것으로 추정한다.
[5] 저작권법 제9조 (업무상저작물의 저작자) 법인 등의 명의로 공표되는 업무상저작물의 저작자는 계약 또는 근무규칙 등에 다른 정함이 없는 때에는 그 법인 등이 된다.
[6] 저작권심의조정위원회(1988), 『저작권용어해설』(서울 : 저작권심의조정위원회), pp.240~241 참조.
[7] 대필(大筆 ; ghostwriting)이라고도 한다. 전문적인 문필가가 아닌, 연예인 · 기업인 · 정치인 등 특정분야의 유명인들이 소재를 제공하면 이를 토대로 대신 글을 써주는 행위를 가리킨다. 대필작가를 형태가 없는 유령(ghost)에 비유한 것처럼 대필의 결과물 제작자는 흔히 의뢰인으로 표기된다. 출판계에 만연해 있는 대필관행에 대해서는 김기태(2008), 『나는 오늘도 책마을 사랑방으로 간다』(서울 : 박이정), pp.30~40., "출판계 대필 관행, 과연 필요악인가" 참조.

18

둘째, 다른 사람의 지시에 따라서 그 저작행위를 보조하는 자. 예컨대, 타인의 구술(口述), 즉 말하는 것을 그대로 받아 적는 자.

셋째, 감수자나 교열자. 다만, 창작과정에 대한 기여의 정도가 직접 저작행위를 한 자보다 훨씬 큰 경우에는 저작자가 될 수 있으며, 또는 공동저작자가 될 수도 있다.

넷째, 민요 등의 채보자. 채보(採譜)란 아직 고정되지 않은 민요 등을 악보로 수록하는 행위를 말하며, 이 경우 채보자는 기존의 선율을 악보로 작성하는 사람에 불과하므로 저작자가 될 수 없다.

결국 저작권의 보호는 창작자로서의 저작자가 아닌 유형물로써 표현한 저작물에 대한 보호라고 할 수 있다. 저작권은 지적(知的)으로 창조된 원저작물을 보호하려는 취지에서 주어지는 것이며, 저작물 그 자체, 즉 표현이 보호된다는 뜻이지 저작자의 사상이 보호된다는 의미는 아니다. 사상·학설·원칙 및 체계화된 방법 등에는 저작권이 인정되지 않는다. 이러한 저작권법의 제정은 저작권 보호의 규범을 뒷받침하기 위하여 필수적인 것이 아닐 수 없으며, 복제물의 대량 배포가 가능해지면서 저작권의 권리 개념이 형성되었음을 짐작할 수 있다. 저작권 사상이 싹튼 계기로 구텐베르크(Johannes Gutenberg)의 인쇄술 발명을 거론하는 것도 같은 이유에서이며, 실제로 인쇄술의 발명 이후 대량복제가 가능해짐으로써 저작자나 출판업자의 허락을 얻지 않은 무단복제가 횡행하였음이 저작권법 제정의 결정적 계기가 되었다.

한편, 근대 이전까지의 저작권 보호는 인쇄술에 의한 복제물, 즉 출판물로부터의 저작권 침해를 방지하는 것이 주목적이었다. 그러나 과학기술의 발전은 저작물을 수록하여 전달하는 매체의 증가와 더불어 저작권 침해의 대상이 인쇄매체로부터 전기·전파매체에서 전자적 장치로까지 넓어지는 결과를 가져 왔다. 현대적 의미의 저작권법은 창조적인 작업에 관하여 저작자나 그것을 유체물로 변형시킨 메시지 전달자들 — 예를 들면 출판사나 잡지사, 신문사, 방송사, 음반회사, 영화사, 극단 등 — 만의 권리와 의무를 규정한 것이 아니라, 저작물 이용자의 권리와 의무는 물론 책임까지도 정해서 규율해 주는, 이를테면 문화활동에 있어서의 기본이 되는 법률이라고 할 수 있다.[8]

2. 저작인격권

저작인격권이란 '저작자가 자신의 저작물에 대해 갖는 정신적·인격적 이익을 법률로써 보호받는 권리'라고 할 수 있다. 저작권법에서는 이를 세분하여 공표권, 성명표시권, 동일성유지권의 세 가지로 나누어 규정하고 있다.

---

[8] 그 동안 진행되어 온 국내 저작권 환경의 변화양상을 정리해 보면 다음과 같다.
 - 1957년 : 국내 저작권법 제정
 - 1987년 7월 1일 : 저작권법 전문 개정 발효
 - 1987년 10월 1일 : 세계저작권협약(UCC) 국내 발효
 - 1994년 7월 1일 : 저작권법 일부 개정 발효
 - 1996년 1월 1일 : 세계무역기구 지적재산권협정(WTO/TRIPs) 국내 발효
 - 1996년 7월 1일 : 저작권법 일부 개정 발효
 - 1996년 8월 21일 : 베른협약(Berne Convention) 국내 발효
 - 2000년 7월 1일 : 저작권법 일부 개정 발효
 - 2003년 7월 1일 : 저작권법 일부 개정 발효
 - 2005년 1월 16일 : 저작권법 일부 개정 발효
 - 2007년 4월 2일 : 한미자유무역협정(FTA) 타결
 - 2007년 6월 29일 : 저작권법 전부개정 발효
 - 2009년 7월 23일 : 저작권법 일부개정 발효

공표권

공표권이란 '저작물을 대외적으로 공개하는 권리'로서, 저작물을 공표(公表)하는 방법은 물론 공개 여부에 대한 판단은 전적으로 저작자만이 행사할 수 있다는 취지를 담고 있다.

성명표시권

성명표시권이란 '저작자가 그의 저작물을 이용함에 있어서 자신이 저작자임을 표시할 수 있는 권리'라고 할 수 있다. 저작자에게는 자신의 저작물의 원작품은 물론 그 복제물에, 그리고 그것을 공표함에 있어서 그의 성명(姓名)으로서의 실명(實名)이나 이명(異名) 중에서 마음에 드는 것을 선택해 표시할 수 있는 권리가 있다. 즉, 저작자로서의 자기를 실명으로 표시할 것인가, 아니면 남들이 잘 아는 예명(藝名)이나 아호(雅號) 또는 필명(筆名)으로 할 것인가, 심지어는 남들이 잘 알지 못하는 자기만의 독특한 이름으로 표시할 것인가 등을 결정할 권리가 저작자에게 있음을 뜻한다.

동일성유지권

동일성유지권이란 '저작자가 자신이 작성한 저작물이 어떠한 형태로 이용되더라도 처음에 작성한 대로 유지되도록 할 수 있는 권리'로서, 저작자의 의사에 관계없이 이용자로부터 저작물의 내용을 변경당하지 않을 권리라고 할 수 있다. 하지만 저작물의 본질적인 변경이라도 그것이 정당한 절차를 거쳐 번역 또는 편곡 및 개작 등이 이루어진 것이라면 동일성유지권의 침해가 아니다. 다만,

번역을 함에 있어서 필연적인 변경과는 상관없는 중대한 실수로서의 오역(誤譯) 따위는 동일성유지권의 침해 사유가 될 수 있다.

저작인격권의 일신전속성

인격권이란 정신적인 권리이다. 따라서 그것을 경제적 또는 물질적으로 파악할 수는 없다. 그러므로 인격을 소유한 저작자로서의 당사자만이 권리의 침해에 대한 정도를 느낄 수 있고, 가해자의 침해 정도를 입증할 수 있을 때 그 범위 안에서 '위자료(慰藉料)'라고 하여 물질적인 배상을 청구할 수 있다.

한편, 저작인격권은 '일신전속성'이란 특성을 띤다. 남에게 양도하거나 상속시킬 수 없는 권리란 뜻이다. 따라서 저작인격권은 저작자 사망과 동시에 소멸되며, 이후에는 명예훼손 여부와 관련지어서 보호된다. 즉, 저작인격권은 저작자 자신만이 가질 수 있고 행사할 수 있기 때문에 재산권처럼 양도하거나 상속할 수 없으므로 저작자가 사망하게 되면 자동적으로 저작인격권은 소멸한다. 그러나 만일 어떤 저작물의 저작자가 사망한 것을 아는 어느 이용자가 그 저작물의 저작인격권을 무시하고 상업적인 용도로 무단이용했다면 — 예를 들어, 저작자의 이름을 인지도가 높은 다른 사람으로 바꾸어 출판하거나 내용을 임의로 개작하여 외설물로 둔갑시키는 등 — 원저작자의 명예가 훼손될 것임은 분명하다.

결국 저작자가 사망하여 저작인격권이 사라지고 없더라도 저작물을 이용하는 사람이 저작자의 명예를 훼손하는 방법으로 저작인격권을 침해했다면 저작재산권을 양도받은 사람 또는 상속자가 침해자를 상대로 이의를 제기할 수 있다.

3. 저작재산권

저작재산권이란 저작자가 자신의 저작물에 대해 갖는 재산적인 권리를 뜻한다. 따라서 일반적인 물권(物權)과 마찬가지로 지배권이며, 양도와 상속의 대상일 뿐만 아니라, 채권적인 효력도 가지고 있다. 저작자 일신에 전속되는 인격권과는 사뭇 다른 특성을 가지고 있는 것이다. 또한 저작재산권은 저작자가 자신의 저작물에 대해서 갖는 배타적인 이용권이라고도 할 수 있다. 그러나 실제로는 자신이 직접 저작물을 이용하는 경우보다는 남에게 저작물을 이용하도록 허락하고 그 대가를 받는 경우가 대부분이다.

저작재산권의 유형

복제권

복제(複製)란 '인쇄·사진·복사·녹음·녹화 그 밖의 방법에 의하여 유형물에 고정하거나 유형물로 다시 제작하는 것을 말하며, 건축물의 경우에는 그 건축을 위한 모형 또는 설계도서에 따라 이를 시공하는 것을, 각본·악보 그 밖의 이와 유사한 저작물의 경우에는 그 저작물의 공연·방송 또는 실연을 녹음하거나 녹화하는 것을 포함'하는 개념이다. 곧 복제권은 '저작물을 여러 가지 방법에 의하여 전자적으로 고정하거나 유형물로 다시 제작할 수 있는 권리'라고 정의할 수 있다. 그러므로 복제권은 저작재산권 중에서 가장 기본적인 권리이며, 저작물 이용에 있어서도 가장 기본적인 형태라고 할 수 있다.

공연(公演)이란 '저작물을 상연 · 연주 · 가창 · 구연 · 낭독 · 상영 · 재생 그 밖의 방법으로 공중에게 공개하는 것을 말하며, 동일인의 점유에 속하는 연결된 장소 안에서 이루어지는 송신을 포함하되 그 중 전송을 제외'하는 개념이다. 복제권이 저작물을 유형적인 형태로 이용하는 권리라면, 여기서의 공연권은 공중송신권과 함께 저작물의 무형적 이용에 관한 배타권이라 할 수 있다.

공중송신권(公衆送信權)은 2007년 전부개정법에서 신설된 것으로, 인터넷을 활용한 온라인상의 저작물 송신이 보편화되고, 또 이용자의 주문에 따라 이용자가 개별적으로 원하는 시간과 장소에 저작물을 전달하는 형태의 기술진전 등이 작용한 결과라고 할 수 있다. 기존의 방송, 전송의 개념을 포괄하면서 디지털 음성송신까지 합친 개념으로 확장된 것이다. 사실 그 동안 개인 인터넷방송, 방송사의 방송물 동시 웹캐스팅 등 실시간 음악 웹캐스팅이 방송인지 전송인지 의견이 분분했던 점을 감안, 이를 '디지털 음성송신'으로 규정하고 명확한 저작권 처리 기준을 마련함으로써 저작권을 보호하고 이용활성화를 도모하게 된 것이다.

전시(展示)란 '예술작품 따위를 여러 사람에게 보일 목적으로 공개된 장소에 진열하는 것'을 말한다. 따라서 전시권이 미치는 저작물에는 미술저작물뿐만 아니라 건축저작물과 사진저작물 등도 해당되며, 그러한 저작물의 저작자에게 원본 또는 그 복제물을 전시할 권리가 있다는 것이다. 그런데 미술저작물 등은 그것을 직접 저작한 저작자가 소유하고 있는 경우보다는 다른 사람이 일정의 대가를 지불하고 사들여서 소유하는 경우가 많다 보니 저작권자와 소유권자가 서로 다를 수 있다는 특수한 상황을 예상하게 된다. 이런 점을 감안해서 저작권법 제11조 제3항⁹과 제35조 제1항¹⁰은 미술저작물 등의 원본을 소유한 사람은 그것을 취득함과 동시에 전시에 의한 방법으로 이용할 수 있도록 저작자로부터 동의를 받은 것으로 본다고 규정하고 있다. 다만, 개방된 장소에서 공중에게 항시 전시하는 경우에는 그 저작권자의 허락을 받아야만 한다.

배포권

배포(配布)란 '저작물 등의 원본 또는 그 복제물을 공중에게 대가를 받거나 받지 아니하고 양도 또는 대여하는 것'으로서, 저작물을 시장에 유통시키는 일반적인 방법이기도 하다. 따라서 그렇게 하려면 저작재산권으로서의 배포권을 가지고 있는 저작권자로부터 허락을 받아야만 한다. 저작권자의 입장에서는 복제권과 함께 배포권을 적절히 행사한다면 상당한 효과를 얻을 수 있다. 예를 들어, 다른 나라에 저작물 이용을 허락할 경우 먼저 복제권을 발휘하여 복제에 의한 이용을 허락함과 동시에 배포권을 행사하여 지역적 또는 시간적인 제한을 둘 수 있다. 즉, 저작물을 배포함에 있어서 지역적 범위를 한정하고 언제까지만 배포할 수 있다는 규정을

---

⑨ 저작권법 제11조(공표권) ③ 저작자가 공표되지 아니한 미술저작물·건축저작물 또는 사진저작물의 원본을 양도한 경우에는 그 상대방에게 저작물의 원본의 전시방식에 의한 공표를 동의한 것으로 추정한다.
⑩ 저작권법 제35조(미술저작물 등의 전시 또는 복제) ① 미술저작물 등의 원본의 소유자나 그의 동의를 얻은 자는 그 저작물을 원본에 의하여 전시할 수 있다. 다만, 가로·공원·건축물의 외벽 그 밖에 공중에게 개방된 장소에 항시 전시하는 경우에는 그러하지 아니하다.

두게 되면 저작권의 관리는 물론 이익의 폭도 넓힐 수 있을 것이다. 아울러 배포를 정의함에 있어 '양도하거나 대여하는 것'이라고 명시하였으므로 배포에는 대여까지도 포함된 것으로 보이지만, 권리작용의 측면에서는 배포권에 대여권이 포함된 것으로 보기는 어렵다. 배포권과 대여권은 엄연히 별도의 독립된 권리로 보는 것이 국제적 추세이기 때문이다.

한편, 이러한 배포권을 철저히 보호하게 되면 이용자들에게는 상당한 번거로움이 따를 수밖에 없다. 저작물 또는 그 복제물을 어떤 방법으로 이용하는지 그때마다 배포에 따른 허락을 별도로 받아야 하기 때문이다. 예를 들어, 어떤 저작물을 책으로 출판했을 때 그것이 독자의 소유가 되기까지는 복잡한 유통 과정을 거치게 되는데, 그때마다 배포에 따른 권리를 따져야 한다면 매우 번거로울 수밖에 없다. 이런 점을 감안해서 저작권법에서는 '저작물의 원본이나 그 복제물이 저작재산권자의 허락을 받아 판매 등의 방법으로 거래에 제공된 경우'에는 계속 배포허락을 얻을 필요가 없다고 규정하고 있다. 아울러 '저작물 또는 음반을 공중의 수요를 충족시키기 위하여 복제·배포하는 것'으로서의 '발행(發行)'에 관한 정의규정을 두고 있으므로 출판권처럼 발행을 전제로 한 이용허락을 얻게 되면 그 이용자는 이후 별도의 배포에 따른 이용허락 없이 임의로 저작물을 배포할 수 있다. 이를 가리켜 다른 권리와의 충돌에 따른 제한조치로서 이른바 '최초판매원칙' 또는 '권리소진원칙'이라고도 한다.❶

---

❶ 최초판매원칙이란 저작물의 배포를 허락할 수 있는 저작권자의 배타적 권리에도 불구하고 저작권자가 일단 특정 복제물의 판매에 동의한 경우에는 그 복제물에 대해서는 더 이상 저작권자의 배포권이 미치지 않는다(배포권이 소진된다)는 원칙을 말한다. 이러한 이유에서 이를 권리소진(exhaustion of rights) 원칙이라고도 한다. 본시 저작권자의 배포권은 불법복제물이나 도

대여권

공중송신권과 함께 2007년 전부개정법에서 신설된 권리로, 판매용 음반에 대해 영리목적의 대여권이 부여됨을 명시하고 있다. 음악저작물의 저작자에게는 자신이 창작한 저작물을 음반의 형태로 만들어 발매함으로써 경제적 이익을 추구하는 것이 보편적인 권리행사 방법인데, 무단으로 대여가 이루어진다면 실익이 그만큼 줄어들 수밖에 없을 것이다. 한편, 저작인접권자인 실연자에게도 자기 실연이 녹음된 판매용 음반에 대한 대여권이 주어진다.

2차적저작물작성권

저작(권)자는 자기 저작물을 원저작물로 하는 2차적저작물을 작성하여 이용할 수 있는 권리를 갖는다. 2차적저작물이란, '원저작물을 번역·편곡·변형·각색·영상제작 그 밖의 방법으로 작성한 창작물'을 말하므로 2차적저작물을 작성한 사람에게도 그에 따르는 별도의 권리가 주어지지만, 그것의 원저작물의 저작자로부터 정당한 방법으로 허락을 얻어야 하며, 그렇지 않을 경우에는 그에 따르는 책임을 져야 한다. 또한 2차적저작물을 작성함에 있어서 원저작물의 변경이 불가피하므로 저작인격권으로서의 동일성유지권 침해의 문제가 제기될 수 있지만 그것이 내용상의 본질적인 변경이 아니고 영어를 국어로 번역하거나 다장조 음계를 가장조로 편곡하는 등 단순한 표현형식의 변경이라면 동일성유지권을 침해한 것으로 볼 수 없다.

난 또는 기타 불법적인 복제물의 경우에 저작권자를 충분하게 보호하기 위해 복제권에 보완적으로 부여된 권리이다. 따라서 배포권은 저작권자가 일단 저작물의 복제물의 배포에 동의한 경우에는 적용될 여지가 없다는 것이 최초판매원칙의 논거이다. 저작권심의조정위원회(2006), 『실무자를 위한 저작권법』(서울 : 저작권심의조정위원회), p.171.

한편, '작성하여 이용할 권리'라는 말에 유의할 필요가 있다. 이는 작성할 권리와 이용할 권리의 이중적인 의미로 해석할 수 있기 때문이다. 즉, 저작자는 자기 저작물을 토대로 해서 직접 2차적저작물을 작성할 수 있을 뿐만 아니라, 그렇게 작성한 별도의 저작물을 경제적인 대가를 받고 이용하게 할 수 있다는 뜻이다. 따라서 2차적저작물작성권은 저작재산권 중에서도 매우 부가가치가 높은 권리이기 때문에 저작재산권의 일부를 양도하는 경우에 주의가 필요하다. 이러한 2차적저작물작성권의 특성을 감안해서 저작권법에서는 "저작재산권의 전부를 양도하는 경우에 특약이 없는 때에는 2차적저작물을 작성하여 이용할 권리는 포함되지 아니한 것으로 추정한다"고 규정하고 있다.⑫

저작재산권의 보호기간

일반적인 소유권은 보호기간이 정해져 있지 않고 영구적인 것이 특징이지만, 저작권은 한 사회의 문화발전을 꾀하는 수단이어야 한다는 측면에서 법에 의해 그 보호기간이 한정되는 특징이 있다. 한편, 저작재산권의 보호기간을 산정함에 있어서 기산(起算)의 기준은 크게 '저작자의 사망시'와 '저작물의 공표시'로 삼는 두 가지 방식이 있다. 여기서 말하는 '저작자의 사망시' 또는 '저작물의 공표시'는 보호기간이 시작되는 시기라는 뜻이 아니라 보호기간이 끝나는 시기를 계산하는 기산점이라는 뜻이다. 우리나라와 같이 저작권의 무방식주의를 채택하고 있는 나라에서는 저작물의 창작

---

⑫ 이전의 저작권법에서는 저작자에게 '2차적저작물 또는 편집저작물을 작성하여 이용할 권리'를 부여했으나 2007년도 전부개정법은 여기에서 편집저작물을 제외하였다. 편집저작물은 원저작물을 구성부분으로 하는 새로운 저작물로서 원저작자의 복제권이 미치는 대상이고 복제권으로 충분히 통제가 가능하므로 편집저작물작성권을 삭제한 것이다.

과 동시에 저작권의 보호가 시작되는 것으로 보기 때문이다.

대체로 저작재산권의 보호기간은 자연인으로서의 저작자가 누구인지 명확한 경우에는 '저작자 사망시 기산주의'를 취하고, 그 밖의 경우에는 '저작물 공표시 기산주의'를 취하고 있다. 그리고 이처럼 저작재산권의 보호기간을 계산하는 경우에는 저작자가 사망하거나 저작물을 창작 또는 공표한 다음 해부터 적용한다. 결국 저작재산권의 보호기간은 저작물의 종류 및 형태에 따라 차이가 있다. 저작권법에서 규정하고 있는 일반적인 저작재산권 보호기간의 원칙은 다음과 같다.

자연인으로서의 저작자가 누구인지 명확한 경우

그 저작자가 살아 있는 동안과 사망한 후 50년 동안 저작재산권이 존속한다. 예를 들어, 어떤 사람이 30세에 소설 한 편을 발표한 다음 70세에 사망하였다면 그 소설에 대한 저작재산권의 보호기간은 모두 90년이 되는 것이다. 물론 해당 저작물이 어떤 방법으로든지 저작자가 살아 있는 동안 공표되었을 때에 그렇다는 것이며, 미처 공표되지 않은 저작물이 저작재산권을 상속 또는 양도받은 사람에 의해 저작자 사망 후 40년이 지나고 50년이 되기 전에 공표되었다면, 그 저작물의 저작재산권은 공표된 때로부터 10년 동안만 존속함을 단서로 규정하고 있다. 왜냐하면 저작물은 공표되어야만 널리 알려짐으로써 이용자들이 이용할 계기를 만들게 되고, 그러한 상태에서만이 저작재산권의 행사 또는 침해 우려가 생김으로써 보호할 가치가 있는 것이기 때문이다.

공동저작물이란 '2인 이상이 공동으로 창작한 저작물로서 각자의 이바지한 부분을 분리하여 이용할 수 없는 것'을 말한다. 이러한 공동저작물의 경우에는 공동의 저작자 중 맨 마지막으로 사망한 저작자의 사망 후 50년간 존속한다.

그 밖에 무명 또는 이명 저작물, 업무상저작물, 영상저작물 등의 보호기간은 공표 후 50년이며, 영상제작물로서 창작한 때부터 50년 이내에 공표되지 않은 경우에는 창작한 때부터 50년간 존속한다.⑱

저작재산권은 저작권자에게 주어진 재산적 권리이므로 일정한 요건에 따라 그 권리를 다른 사람에게 양도하거나 행사할 수 있으며, 아울러 소멸될 수도 있는 것은 당연하다. 하지만 그것이 문화적 산물인 저작물을 대상으로 한다는 점에서 물건 등에 있어서의 소유권과는 차이가 있을 수 있다.

먼저 저작재산권은 다른 사람에게 양도할 수 있다. 그런데 여기서 주목해야 할 것은 "전부 또는 일부를 양도할 수 있다"는 규정이다. 일반적으로 물권(物權)에 있어서의 소유권인 경우에는 전부가

---

⑱ 따라서 어느 작가 사후 50년이 지나 미처 발표되지 않은 유고(遺稿)를 발견하여 유족이 출판을 했다면 이 저작물의 보호기간은 이미 끝난 셈이 된다.

아닌 일부를 양도한다는 것은 생각하기 어렵다. 예를 들어, 어떤 집을 소유하고 있는 사람이 그 집을 전세의 방법으로 다른 사람에게 임대하고 나서 또 그 집의 소유권을 다른 사람에게 양도할 수는 없는 노릇이다. 즉, 일반적인 소유권에서는 유체물로서의 소유물과 소유권을 분리할 수 없다. 그러나 저작재산권은 다르다. 저작재산권 자체를 전부 양도하는 경우에는 소유권과 별 차이가 없지만, 일부를 양도할 수 있다는 점에서는 저작재산권만의 특성을 엿볼 수 있다.

우선, 저작재산권의 경우에는 저작물을 이용하는 방법에 따라 그 권리 또한 분리하여 행사할 수 있는 여지가 매우 많다. 저작권법에서는 저작재산권으로서의 복제권, 공연권, 공중송신권, 전시권, 배포권, 대여권, 2차적저작물작성권 등이 각각 별개의 권리임을 규정하고 있으므로 권리자는 당연히 이용형태에 따라 권리를 분할해서 양도할 수 있다. 이뿐만 아니라 경우에 따라서는 이러한 별개의 재산적 권리조차도 쪼갤 수가 있다. 예를 들어 복제권 하나만 살펴보더라도, 저작재산권자는 인쇄의 방법으로 저작물을 복제하려는 출판사업자, 녹음의 방법으로 저작물을 복제하려는 음반사업자, 또는 녹화의 방법으로 저작물을 복제하려는 영상사업자 등에게 복제권을 각각 별도로 양도할 수 있다. 즉, 어떤 방법으로 복제하느냐에 따라 같은 복제권이라도 완전한 별개의 권리로 쪼개질 수 있다는 가분적(可分的) 특성이 저작재산권에 내포되어 있는 것이다. 또한, 저작재산권자는 하나의 저작물에 대해 종이책 출판사에 출판권을 부여하는 동시에 공중송신권을 발휘하여 또 다른 업체 혹은 개인에게 전송방식에 의한 '전자책(e-Book)'을 만들도록 허락할 수도 있다.

다음으로는 2차적저작물작성권과 관련한 재산권의 분할을 생각할 수 있다. 예를 들어, 어떤 장편소설의 저작자가 있다면 그는 그것을 원작으로 하는 번역은 물론 각색하여 공연에 이용하거나 영상제작에 이용하려는 사람들에게 각각 별도로 그 부분에 대한 권리를 양도할 수 있다. 나아가 같은 공연이라도 공연의 주체가 달라진다면 그들에게도 별도의 권리를 양도할 수 있다.

또한 시간적 · 공간적 제한에 의한 저작재산권의 분할 및 양도를 생각할 수도 있다. 먼저 시간적인 측면에서 본다면, 저작재산권자는 자신의 권리를 다른 사람에게 양도함에 있어서 언제부터 언제까지, 즉 '3년' 또는 '5년'이라는 기간을 정할 수 있는데, 그런 경우에는 그 정해진 시간이 지나면 자동적으로 저작재산권은 원래의 권리자에게로 돌아오는 것이다. 따라서 실질적으로는 '3년' 또는 '5년' 동안의 배타적 이용허락과 같다. 공간적 측면에서 본다면, 번역에 의해 저작물을 출판함에 있어 그것을 '한국 내에서만' 또는 '일본 내에서만' 하는 식으로 제한해서 양도할 수 있는데, 이런 경우에는 배포권의 성질에 비추어 보더라도 지역이 바뀔 때마다 각각 별개의 권리가 작용할 수 있다. 다만, 이런 지역적 제한이 국내에서도 가능해서 '충청남도' 또는 '전라남도' 하는 식으로까지 분할할 수 있는 것인지는 분명하지 않다.

저작물의 이용허락

저작물의 이용에 관한 배타적 권리(exclusive right)는 저작재산권자에게 있기 때문에 저작재산권자는 자기 소유의 저작물을 양도할 수 있을 뿐만 아니라 다양한 이용형태에 따라 저작물의 이용을 허락할 수도 있다. 저작물의 이용허락(license)에 따르는 저작재산권자의 권리 내용을 살펴보면 다음과 같다.

먼저, 저작재산권자는 제3자에게 자기 저작물의 이용을 허락할 수 있다. 저작재산권자는 자신의 저작물을 스스로 이용할 수 있을 뿐만 아니라, 경우에 따라서는 다른 사람에게 이용을 허락하고 적당한 대가를 받음으로써 재산적 이익을 추구할 수 있다는 것이다. 그러므로 저작재산권자로부터 허락을 얻지 않고 어떤 방법으로든지 저작물을 이용하는 것은 위법이 된다. 그런데 정당하게 이용허락을 받은 이용자가 획득하는 권리의 성질에 주의할 필요가 있다. 저작재산권자가 저작물에 관해 갖는 권리는 배타적 권리, 즉 누구를 상대로 하든지 행사할 수 있는 권리이지만, 이용허락을 받은 사람이 갖는 권리는 이용에 따르는 채권적인 권리라는 점이다. 따라서 저작물의 이용에 대한 배타적 권리를 가진 저작재산권자는 같은 이용방법으로 여러 사람에게 이용허락을 할 수 있으며, 이용자는 이에 대해 이의를 제기할 수 없다.[1]

다음으로, 이용허락을 얻은 이용자라고 하더라도 허락받은 이용방법 및 조건의 범위 안에서만 그 저작물을 이용할 수 있다. 여기서 '허락받은 이용방법'이란, 복사·인쇄·녹음·녹화·공연·방송·전송, 그리고 전시 또는 디지털음성송신 등과 같은 이용형태

---

[1] 이용허락의 종류에는 크게 세 가지가 있다. 첫째는 여기서 살펴본 것처럼 '단순이용허락'이 있는데, 이 경우에는 이용허락을 받은 사람은 저작재산권자가 같은 이용방법에 의해 다른 사람에게 이용허락을 해도 아무런 제재수단이 없다. 둘째는 '독점이용허락'이 있는데, 이 경우 역시 특정의 이용자에게만 이용허락을 하고 다른 사람에게는 이용을 허락하지 않겠다는 채권(債權)과 채무(債務)의 관계를 맺은 것에 불과하므로, 저작재산권자가 다른 사람에게 독점이용에 대한 허락을 했다면 저작재산권자에게 채무 불이행에 따른 계약위반을 추궁할 수 있을 뿐, 제3의 이용자를 상대로 한 제재를 가할 수 있는 것은 아니다. 셋째는 '배타적 이용허락'이 있는데, 이 경우는 저작권법에 있어서 출판권의 설정이 대표적인 것으로, 배타적 이용을 전제로 한 계약이 이루어졌다면 이용자는 제3의 이용자에 대해서도 권리의 침해를 주장할 수 있다. 하지만 저작권법에서 규정하고 있는 이용허락이란 첫째와 둘째의 경우만을 뜻하는 것으로 해석된다.

는 물론 이용부수, 이용횟수, 이용시간, 이용장소 등을 포함한 구체적인 이용방법을 모두 뜻하는 것이다. 그리고 '허락받은 조건'이란, 저작물을 이용하는 대가로서 얼마의 금액을 언제까지 지급하기로 한다든가, 별도의 특약을 하는 것 등이라고 할 수 있다. 예를 들어, 어떤 사람이 연극의 상연을 위한 목적으로 어느 저작물에 대한 이용을 허락받았는데 연극이 아닌 책으로 꾸며서 출판의 방법으로 이용했다면 그것 역시 위법이 된다. 또한 저작물을 1년 동안만 이용하기로 계약을 맺었다면 1년이 지난 후에는 이용할 수 없으며, 모든 권리는 다시 원래의 저작권자에게로 복귀된다는 뜻이다.

끝으로, 저작물을 일정한 용도에 의한 이용 허락을 얻어서 이용에 관한 정당한 권리를 얻은 사람이라도 저작재산권자의 동의가 없이 제3자에게 이를 양도할 수 없다. 여기서 말하는 '이용자의 권리'란 곧 '허락받은 이용방법과 조건의 범위 안에서 그 저작물을 이용할 수 있는 권리'를 말한다. 예를 들어, 어느 때로부터 3년 동안 출판에 의한 방법으로 저작물을 이용하기로 한 이용자가 1년이 지난 후에 다른 출판업자에게 저작물의 출판에 의한 이용권을 양도할 때에는 반드시 저작재산권자의 허락이 있어야 하며 그렇지 않을 때에는 역시 위법이 된다.

보호받지 못하는 저작물

저작물이라고 하여 모두 법적으로 보호가 되는 것은 아니다. 저작권법에서는 이런 취지에 따라 보호받지 못하는 저작물 다섯 가지에 대해 규정하고 있다. 저작권법은 근본적으로 저작자인 개인이나 단체의 권리를 보호하기 위해 마련된 제도적인 장치이지만,

무조건적인 보호만을 위한 것은 아니다. 즉, 저작권법 제정의 취지에는 저작권을 보호함으로써 국가적인 차원에서 문화의 향상과 발전을 도모하기 위한 공공적인 성격도 강하게 담겨 있다. 따라서 다음과 같이 저작물의 성질로 보아 국민에게 널리 알려 이용하게 함으로써 훨씬 더 유익한 효과를 가져 올 수 있는 것은 보호의 대상에서 제외하기로 한 것이다.

헌법·법률·조약·명령·조례 및 규칙

각종 법령(法令)은 저작권법의 보호를 받지 못한다. 여기서 말하는 법령이란, 헌법(憲法)을 포함하여 형법(刑法), 민법(民法), 상법(商法) 등의 각종 법률과 대통령 및 국무총리의 령(令), 각 행정부처의 령(令), 그리고 법률과 동등한 효력의 조약이나 협약은 물론 그 밖의 국제법규까지 망라한 개념이다. 법령을 보호받지 못하는 저작물로 규정하고 있는 까닭은 그것이 모든 국민의 실생활과 관련하여 수시로 이용 가능한 상황에 놓여 있어야 하므로, 그것을 작성한 누군가의 허락에 의해서만 이용할 수 있다면 많은 문제점이 생길 소지가 있기 때문이라고 할 수 있다. 하지만 각종 법령을 체계적으로 배열했거나 법령에 대한 해설을 곁들인 저작물은 별도의 저작물로서 보호된다. 즉, 수많은 법령 중에서 관련법규만을 모아 창작성이 있게 배열했다면 편집저작물이 될 수 있고, 어떤 법령에 대해 알기 쉽도록 해설을 가해서 저작물을 작성했다면 그것은 하나의 독립적인 저작물로서 당연히 보호된다.

국가기관이나 각 지방자치단체가 일반 국민 또는 지방 거주민에게 널리 알릴 목적으로 작성한 문서들 역시 보호받지 못하는 저작물이다. 여기서 예시한 고시, 공고, 훈령 등은 전문용어로 파악하기보다는 넓은 의미에서의 공문서(公文書)로 보는 것이 타당하다. 따라서 국가나 지방자치단체가 널리 알릴 목적으로 작성한 모든 저작물은 사실상 보호받지 못하는 저작물이 될 가능성이 높다. 그러나 국가 내지 지방자치단체가 작성한 공문서라고 할지라도 그것이 공중에게 알리는 것을 목적으로 하지 않는 계획서이거나 학술적 가치가 있는 연감이나 교육백서 또는 국정교과서 등이라든가, 문화적 · 예술적 가치가 있는 그림엽서 등이라면 보호받는 저작물이 될 수도 있다.

법원에서 법률에 근거하여 행하는 판결이나 결정 및 명령, 행정심판 및 이와 유사한 절차에 의한 의결이나 결정 등도 사법부 혹은 거기에 준하는 행정청이 일반국민에게 널리 알릴 것을 목적으로 작성한 것이라면 보호받지 못하는 저작물로서 누구든지 자유롭게 이용할 수 있다. 하지만 누군가가 특정주제에 부합하는 판결만을 모아 적절히 평석(評釋)을 가한 판례집을 만들었다면 그것은 편집 저작물로서의 저작물성이 인정되어 보호받을 수 있으므로, 보호받지 못하는 저작물을 토대로 하는 또 다른 저작물이 작성될 수도 있다.

앞에서 살펴본 바와 같은 보호받지 못하는 저작물들을 편집한
것이거나 번역한 것으로서 국가 또는 지방자치단체가 작성한 것
역시 보호받지 못하는 저작물이다. 즉, 편집저작물 또는 번역에 의
한 2차적 저작물이더라도 그것의 원저작물이 보호받지 못하는 저
작물이므로 같은 취지에서 보호받지 못하는 저작물임을 규정하고
있는 것으로 보인다. 그러므로 그 편집물 또는 번역물을 작성한 주
체가 국가 또는 지방자치단체가 아닌 개인이나 단체라면 보호의
대상이 된다.

사실의 전달에 불과한 시사보도

어떤 저작물의 저작권을 인정하는 가장 기본적인 기준은 창작성
에 있다. 아울러 저작물 작성자의 권리 못지않게 공공적인 이익도
무시할 수 없기에 저작권법은 공익적 차원에서 보호받지 못하는
저작물의 유형을 예시하고 있는 것이다. 따라서 특별한 창작성보
다는 광범위하면서도 신속하게 일반국민들로 하여금 알게 할 목적
으로 신문이나 방송 등의 대중매체에 싣는 단순한 시사보도에 대
해서는 저작권을 인정하지 않는다고 규정하고 있다. 즉, 국민들의
일상 속에서 일어나는 사실들을 단순히 전달하는 것에 불과한 경
우에는 저작권 보호의 기준이 되는 창작성 자체가 결여되어 있다
는 판단도 함께 작용한 것으로 보인다. 그러므로 대중매체에 실린
저작물이 단순한 사실의 전달이 아닌 칼럼이나 사설, 또는 분석기
사나 해설기사, 그리고 각종 문예물이나 그림, 만화, 도표 또는 투
고 등과 같이 기자 또는 개인의 견해가 창작적으로 표현된 저작물

이라면 당연히 보호의 대상이 된다.⑮

저작재산권은 저작권자의 재산적 권리를 보호하기 위해 마련된 제도적 장치임에 틀림없지만 저작권법을 제정한 목적이 저작자의 권리와 이에 인접하는 권리를 보호하는 것은 물론, 저작물의 공정한 이용을 도모함으로써 문화의 향상 발전에 이바지하는 데 있으므로 공공성 또한 무시할 수 없다. 따라서 저작권법에서는 저작자의 개인적 이익과 사회의 공공적 이익을 조화시키기 위해 일정한 범위 안에서 저작재산권의 제한, 즉 저작물의 자유이용을 허용하고 있다. 그러므로 저작권법에서 규정하고 있는 저작재산권의 제한 사유에 해당되는 경우에는 법이 정하는 조건에 따라 저작재산권자의 허락 없이도 저작물을 자유롭게 이용할 수 있는데, 이를 외국에서는 '공정이용(fair use 또는 fair dealing)'이라고 한다.

우리 저작권법에서 규정하고 있는 저작재산권의 제한에 해당하는 유형은 다음과 같다.

① 재판절차 등에서의 복제
② 정치적 연설 등의 이용

---

⑮ 판례(대법원 2006.9.14. 판결, 2004도5350, 저작권법 위반) : 저작권법 제7조는 "다음 각 호의 1에 해당하는 것은 이 법에 의한 보호를 받지 못한다"고 규정하여 일정한 창작물을 저작권법에 의한 보호대상에서 제외하면서 제5호에 '사실의 전달에 불과한 시사보도'를 열거하고 있는바, 이는 원래 저작권법의 보호대상이 되는 것은 외부로 표현된 창작적인 표현형식일 뿐 그 표현의 내용이 된 사상이나 사실 자체가 아니고, 시사보도는 여러 가지 정보를 정확하고 신속하게 전달하기 위해 간결하고 정형적인 표현을 사용하는 것이 보통이어서 창작적인 요소가 개입될 여지가 적다는 점 등을 고려하여, 독창적이고 개성 있는 표현수준에 이르지 않고 단순히 '사실의 전달에 불과한 시사보도'의 정도에 그친 것은 저작권법에 의한 보호대상에서 제외한 것이라고 할 것이다.

③ 학교교육 목적 등에의 이용

④ 시사보도를 위한 이용

⑤ 시사적인 기사 및 논설의 복제 등

⑥ 공표된 저작물의 인용

⑦ 영리를 목적으로 하지 아니하는 공연·방송

⑧ 사적 이용을 위한 복제

⑨ 도서관 등에서의 복제 등

⑩ 시험문제로서의 복제

⑪ 시각장애인 등을 위한 복제 등

⑫ 방송사업자의 일시적 녹음·녹화

⑬ 미술저작물 등의 전시 또는 복제

이처럼 저작재산권자의 이익이 그다지 침해되지 않으며, 이용목
적에 비추어 보아 공익성이 강한 경우에는 저작재산권을 제한할
수 있다. 그러나 이것은 이용자들이 저작권자의 재산적 권리를 일
부 양보받은 것에 불과할 뿐, 재산권의 모두와 인격권까지도 제한
할 수 있다는 뜻은 절대 아니다. 특히 인격적인 권리 부분은 이용
자들이 최대로 보호해 주어야 할 의무사항이 아닐 수 없다. 그런
취지에서 저작권법은 저작재산권이 제한되는 경우라고 하더라도
저작물의 출처를 정확하게 명시함으로써 이용자들에게 저작권자
의 인격권을 보장할 책임이 있음을 규정하고 있다. 다만, '시사보
도를 위한 이용', '영리를 목적으로 하지 아니하는 공연 또는 방
송', '사적 이용을 위한 복제', '도서관 등에서의 복제', '시험문제
로서의 복제', 그리고 '방송사업자의 일시적 녹음 또는 녹화' 등에
는 출처 명시의 의무가 없음을 밝히고 있다.

한편, 출처를 명시하는 경우 저작물의 이용상황에 따라 합리적이라고 인정되는 방법으로 해야 하며, 저작자의 실명 또는 이명이 표시되어 있는 저작물인 경우에는 그 실명 또는 이명을 명시해야 한다. 여기서 '합리적이라고 인정되는 방법'이란, 다른 사람의 저작물의 일부를 인용할 때 흔히 사용하는 방법에서처럼 출처로서의 저자명, 도서명 또는 저작물의 제목, 발행처, 발행연도, 해당 쪽수 등을 눈에 잘 띄는 부분에 주(註)로써 표시하는 것을 뜻한다. 이러한 출처 명시의 의무를 제대로 지키지 않았을 경우에는 저작권법의 벌칙 규정에 따라 500만 원 이하의 벌금형에 처해질 수 있다.

4. 저작인접권

저작인접권은 '저작권에 준하는 권리'를 말한다. 그런데 권리의 성질로 보아 재산권인 동시에 배타권이기는 하지만 직접 창작한 사람에게 부여하는 권리가 아니라는 점에서 저작권과는 본질적으로 다르다. 우리 저작권법에서는 실연자 · 음반제작자 · 방송사업

〈표〉 실연 · 음반 · 방송 분류표

분류	종류	복제물 형태
실연	가창, 연주, 반주, 연기, 음성연기 (더빙, 해설 포함), 무용, 지휘 등	CD, DVD, Tape, 비디오테이프 등
음반	대중음반, 클래식음반, 국악음반, 동화, 어학교재 등	CD, DVD, Tape 등
방송	라디오 방송물, TV 방송물 등	CD, DVD, Tape, 비디오테이프 등

* 출처 : 저작권법시행규칙 저작인접권 등록신청서(별지 제13호 서식).

자에게 저작인접권을 부여하고 있는데, 이들은 저작물의 직접적인 창작자는 아니지만 그것을 해석하고 전파함으로써 저작물의 가치를 키웠을 뿐만 아니라 문화 발전에 이바지하는 공로가 크므로 그러한 행위에 일종의 정신적 창작성을 인정하여 저작권에 인접하는 배타적 권리를 부여한 것이다. 특히 저작물의 복제 및 전파 수단이 급속도로 발전함에 따라 이들이 입는 경제적 타격도 무시할 수 없다는 인식이 공감대를 형성하면서 저작인접권에 대한 관심이 국내뿐만 아니라 국제적으로도 매우 높아지고 있다.

실연자의 권리

실연자란 '저작물을 연기·무용·연주·가창·구연·낭독 그 밖의 예능적 방법으로 표현하거나 저작물이 아닌 것을 이와 유사한 방법으로 표현하는 실연(實演)을 하는 자'를 말하며, '실연을 지휘, 연출 또는 감독하는 자'를 포함한다. 가수, 배우, 무용가, 악단 연주자 등과 함께 지휘자, 연출자, 영화감독 등이 실연자에 해당하지만, 반드시 직업적인 실연자일 필요는 없다. 특히 연출자나 감독은 해당 저작물에 기여하는 정도에 따라 저작자가 될 수도 있다.

저작권법이 보호하는 '실연'은 그 대상이 저작물인가 아닌가에 관계없이 이를 연기 그 밖의 예능적 방법으로 표현하는 것으로 제한된다. 따라서 각종 구기종목과 같은 스포츠 활동은 실연이라고 할 수 없다. 하지만 같은 스포츠 영역에 속하는 것이라 하더라도 리듬체조, 피겨스케이팅, 싱크로나이즈드 스위밍 등은 실연에 해당할 수도 있어 판단하기가 쉽지 않다. 나아가 보호받을 수 없는 저작물 또는 저작물이 아닌 것을 예능적 방법으로 표현하는 것도 실연으로서 보호대상이 된다. 단순히 새소리 등 자연의 소리를 흉내내는 것도 실연으로 볼 수 있으며, 보호기간이 만료된 저작물이나 예로부터 민간에 전승되어 내려오는 것을 예능적 방법으로 표현하는 것도 저작권법상 실연이 된다. 또 저작물을 실연하는 경우 저작권자의 허락을 받았느냐의 여부는 실연 그 자체의 보호에는 영향을 미치지 않는다. 단지 저작권 침해에 대한 책임이 따를 뿐이다.

한편, 2007년 전부개정법에서는 실연자에게도 인격권을 부여하고 있다. 곧 성명표시권과 동일성유지권인데, 이는 실연이 우리 주변에서 빈번하게 이루어지고 또 여러 분야에서 많이 이용됨에 따라 실연의 주체가 누구인지를 밝힐 필요가 있고(성명표시권), 실연은 실연자의 인격의 반영이라는 측면이 강하므로 자신의 실연내용과 형식이 변형되지 않게 유지할 권리(동일성유지권)가 필요하다®는 판단에 따른 것이다. 아울러 재산권으로는 복제권과 함께 배포권, 판매용 음반에 대한 대여권, 실연방송권, 전송권, 판매용 음반의 방송 및 디지털음성송신에 대한 보상청구권 등이 부여된다.

음반제작자의 권리

음반이란, '음이 유형물에 고정된 것을 말하며, 음이 영상과 함께 고정된 것은 제외하는 개념'이다. 여기서 음(音)이란 음성과 음향을 모두 가리키며 그러한 음의 표현물을 포함한다. 따라서 저작권법에서 말하는 '음반'이란 일반적으로 음이 고정된 유형물로서의 콤팩트디스크(CD)나 롱플레잉(LP) 레코드판 등의 매체가 아

---

⑯ 실연에 대한 동일성유지권 훼손사례로는 최신 디지털 기기를 사용하여 인위적으로 가수의 실연(노래) 중 일부분의 음 높낮이를 변형시키는 경우를 들 수 있다.

니라 이에 수록된 저작물로서의 콘텐츠를 가리킨다.[⑰] 따라서 MP3
나 OGG[⑱] 등 일정한 포맷으로 디지털화한 파일들도 음반에 해당
한다. 이런 음을 최초로 마스터 테이프(master tape)[⑲]에 고정하는
것을 가리켜 '음반제작'이라고 하며, 음반제작자는 음을 음반에 고
정하는 것을 전체적으로 기획하고 책임을 지는 사람을 말한다. 즉
마스터 테이프를 제작하는 등 맨 처음 녹음한 사람이 곧 음반제작
자가 되는데, 단순히 녹음에 참여한 녹음기술자를 가리키는 것이
아니라 녹음 전반을 주도하고 그에 따른 책임을 지는 사람을 말하
는 것이다.[⑳]

한편, 저작권법상 음반이란 반드시 그 고정된 내용이 음악이거
나 그 밖에 다른 저작물일 필요는 없다. 새소리, 물소리 등 자연에
서 나는 소리이거나 즉흥적으로 낭송되는 시를 녹음한 것도 음반
이 될 수 있다. 다만, 음이 영상과 함께 고정된 것은 영상저작물로
분류되므로 음반에서 제외된다. 따라서 뮤직비디오의 경우 비록
그것이 음반을 주요내용으로 하고 있지만 음반이 아니라 영상저작
물로 취급된다. 이러한 음반제작자의 권리로는 복제권, 배포권, 대
여권, 전송권, 방송사용에 대한 보상청구권, 그리고 디지털음성송
신에 대한 보상청구권 등이 있다.

---

⑰ 음반이 일상적으로 매체를 의미하는 용어로 사용되기 때문에 오해를 방지하기 위해 이러한
콘텐츠를 '음원'이라고 부르기도 한다.
⑱ '오그 보비스(Ogg Vorbis)'를 줄여 이르는 말로 디지털 음악파일의 일종이다. MP3 파일이
1998년 이후 유료화되면서 이에 반대한 Christopher Montgomery가 만들어 냈다.
⑲ 녹음이나 녹화를 하지 않은 원래의 오디오 테이프, 비디오 테이프, 비디오 디스크 또는 필름.
⑳ 음반제작자란 음반사와도 다른 개념이다. 음반사는 음반제작자가 제작한 마스터 테이프를
활용해 이를 CD 등으로 대량복제하여 이를 유통시킨 주체로서 음반을 발행한 곳에 해당한다.
따라서 음반사는 저작권법에서 말하는 음반제작자가 아니며 저작권법에 의해 저작인접권으로
보호되는 대상 또한 아니다.

방송이란 '공중송신 중 공중이 동시에 수신하게 할 목적으로 음·영상 또는 음과 영상 등을 송신하는 것'을 말하며, 방송사업자란 '방송을 업으로 하는 자'를 가리킨다. 이러한 방송은 공중이 동시에 수신하게 할 목적으로 송신한다는 점에서 공중의 구성원이 개별적으로 선택한 시간과 장소에서 수신할 수 있도록 이용에 제공하는 전송과 구별된다. 또 방송내용이 반드시 저작물일 필요가 없으므로 뉴스보도, 스포츠 중계 등도 방송으로서 보호의 대상이 된다. 방송사업자는 이러한 방송을 업으로 삼은 사람을 말하므로 단순히 방송신호만을 송신하는 사업자는 저작권법에서 규정하고 있는 방송사업자가 아니다.

한편, 국제적으로는 무선통신에 의한 것만을 방송으로 보고 있지만 우리의 경우에는 유선통신에 의한 송신, 즉 유선방송도 방송의 개념에 포함시키고 있다는 점에 유의해야 한다. 방송사업자에게 주어지는 권리로는 복제권과 동시중계방송권이 있다. 여기서 '복제'란 방송의 유형적 이용형태를 말하고, '동시중계방송'이란 방송의 무형적 이용형태라고 할 수 있다.

5. 소결

인간의 지적 창조물이라고 할 수 있는 저작물은 여러 측면에서 다양한 특성을 갖고 있다. 먼저 창조과정과 이용과정에서 세 가지 두드러진 특성을 찾아볼 수 있다.

① 누군가가 지적 창작을 함에 있어서는 대개의 경우 많은 시간과 노력, 그리고 비용이 든다는 점이다.

② 창작자가 아닌 사람은 창작자보다 훨씬 적은 시간과 노력, 그리고 비용으로 그 창작물을 모방할 수 있다는 점이다.

③ 다른 사람의 그 창작물에 대한 이용이 적어도 물리적으로는 창작자의 이용과 부딪치지 않는다는 점이다.

이 같은 특성 때문에 저작권 정책을 수립함에 있어 "창작을 장려할 것인가, 아니면 경쟁을 장려할 것인가?" 하는 대립되는 입장을 상호조율하지 않으면 안 된다.

먼저 창작을 장려해야 한다는 입장에서 보면 만일 창작자 이외의 사람이 창작자로부터 동의를 받거나 창작자에게 보상을 해주지 않은 상태에서 마음대로 창작물을 모방해도 좋다면 그 누구에게서도 창작의욕이 생겨날 수 없으며, 비록 창작이 되었다 하더라도 그것을 최초로 생산하거나 배포할 이유가 없어진다고 주장할 수 있겠다. 이런 점을 가리켜 이른바 '무임승차(free ride)' 효과라고 한다. 반대로 경쟁을 장려해야 한다고 보는 입장에서는 생산자들 사이의 자유경쟁을 통해 소비자가 이익을 얻을 수 있다고 주장한다. 즉, 경쟁을 통해서만 자원의 효율적인 배분과 가격체감을 유도할 수 있으며, 저작권을 정당한 권리로서 보호하면 할수록 도서의 가격이 상승하는 것처럼 소비자 등 일반 공중의 이용권은 제한될 수밖에 없다는 주장인 셈이다.

이렇듯 창작물을 저작한 사람에게 저작권이라는 권리를 부여해서 굳이 보호하는 이유는 "저작물은 곧 문화발전의 원동력이 되므로 좋은 저작물이 많이 나와야 그 사회가 문화적으로 풍요로워질 수 있기 때문"이라고 할 수 있겠다. 그런데 만일 저작자에게 아무런 권리를 부여하지 않는다면 저작자가 장기간 노력해서 창작한 저작물을 누구든지 아무런 대가를 치르지 않고도 마음대로 이용하게 될 것이므로, 저작자로서는 창작행위를 계속하지 않을 것이 분명하고, 이는 곧 인류 문화의 퇴보를 가져올 것임에 틀림없다. 저작권을 보호하는 이유는 그러므로 권리행사를 통해 창작을 위한 노력에 대한 적절한 보상을 보장함으로써 창작행위를 계속할 수 있는 동기를 제공하기 위함이라고 할 수 있다.

결국 저작자나 문화산업 실무자들에게는 저작권에 관한 이해와 함께 법규에 관한 지식, 그리고 그것을 현실적으로 응용할 수 있는 능력이 요구된다고 할 수 있으며, 경우에 따라서는 추상적이고 애매한 규범들을 급변하는 현실 속에 응용하려는 노력이 절대적으로 필요하다. 따라서 실무자들을 상대로 지속적인 홍보와 실무사례 중심의 교육이 이루어져야 하는 것은 물론, 나아가 유치원이나 초등학교 그리고 가정에서부터 저작권 교육이 점진적으로 이루어져 저작권 보호의식이 생활 속에 자리 잡을 때 보다 밝은 문화의 세기를 열어갈 수 있을 것이다.

chapter 2

표절과 저작권 침해

　다음의 글들을 보면 유사하면서도 다른 부분이 있다. 어떤 것은 '표절'인 동시에 '저작권 침해'에 해당하는가 하면, 어떤 것은 '표절'에 해당하지만 '저작권 침해'는 아니고, 또 어떤 것은 '표절'은 아니지만 '저작권 침해'에 해당한다. 그리고 어떤 것은 '표절'도 아니고 '저작권 침해'도 아니다. 함께 살펴보기로 하자.

〈1〉

　나는 오늘 플라타너스 낙엽이 쓸쓸하게 뒹구는 덕수궁 돌담길을 거닐며 문득 시상이 떠올라 '가을엽서'라는 제목의 시 한 편을 만들어보았다. "한 잎 두 잎 나뭇잎이 / 낮은 곳으로 / 자꾸 내려앉습니다 / 세상에 나누어줄 것이 많다는 듯이 // 나도 그대에게 무엇을 좀 나눠주고 싶습니다 // 내가 가진 게 너무 없다 할지라도 / 그대여 / 가을 저녁 한 때 / 낙엽이 지거든 물어보십시오 // 사랑은 왜 낮은 곳에 / 있는지를" 쓸쓸한 가을은 그렇게 깊어가고 있었다.

〈2〉

　나는 오늘 플라타너스 낙엽이 쓸쓸하게 뒹구는 덕수궁 돌담길을 거닐며 문득 시상이 떠올라 시 한 편을 만들어 보았다. "한 잔의 술을 마시고 우리는 버지니아 울프의 생애와 목마를 타고 떠난 숙녀의 옷자락을 이야기한다. 목마는 주인을 버리고 거저 방울소리만 울리며 가을 속으로 떠났다. 술병에 별이 떨어진다. 상심한 별은 내 가슴에 가벼웁게 부서진다. 그러한 잠시 내가 알던 소녀는 정원의 초목 옆에서 자라고 문학이 죽고 인생이 죽고 사랑의 진리마저 애증의 그림자를 버릴 때 목마를 탄 사랑의 사람은 보이지 않는다. 세월은 가고 오는 것 한 때는 고립을 피하여 시들어 가고 이제 우리는 작별하여야 한다." 시 한 편을 미처 끝까지 읊조리기도 전에 쓸쓸한 가을은 그렇게 깊어가고 있었다.

〈3〉

나는 오늘 플라타너스 낙엽이 쓸쓸하게 뒹구는 덕수궁 돌담길을 거닐며 문득 안도현 시인의 '가을엽서'가 떠올라 읊조려보았다. "한 잎 두 잎 나뭇잎이 / 낮은 곳으로 / 자꾸 내려앉습니다 / 세상에 나누어줄 것이 많다는 듯이 // 나도 그대에게 무엇을 좀 나눠주고 싶습니다 // 내가 가진 게 너무 없다 할지라도 / 그대여 / 가을 저녁 한 때 / 낙엽이 지거든 물어보십시오 // 사랑은 왜 낮은 곳에 / 있는지를" 쓸쓸한 가을은 그렇게 깊어가고 있었다.

〈4〉

나는 오늘 플라타너스 낙엽이 쓸쓸하게 뒹구는 덕수궁 돌담길을 거닐며 문득 박인환 시인의 '목마와 숙녀'가 떠올라 읊조려보았다. "한 잔의 술을 마시고 우리는 버지니아 울프의 생애와 목마를 타고 떠난 숙녀의 옷자락을 이야기한다. 목마는 주인을 버리고 거저 방울소리만 울리며 가을 속으로 떠났다. 술병에 별이 떨어진다. 상심한 별은 내 가슴에 가볍게 부서진다. 그러한 잠시 내가 알던 소녀는 정원의 초목 옆에서 자라고 문학이 죽고 인생이 죽고 사랑의 진리마저 애증의 그림자를 버릴 때 목마를 탄 사랑의 사람은 보이지 않는다. 세월은 가고 오는 것 한 때는 고립을 피하여 시들어 가고 이제 우리는 작별하여야 한다." 시 한 편을 미처 끝까지 읊조리기도 전에 쓸쓸한 가을은 그렇게 깊어가고 있었다.

글 〈1〉은 표절인 동시에 저작권 침해가 될 수 있고, 글 〈2〉는 표절이기는 하지만 저작권 침해는 아니다. 또 글 〈3〉은 표절은 아니지만 저작권 침해의 우려가 높으며, 글 〈4〉는 표절도 아니고 저작권 침해의 문제도 없다. 어떤 기준에 따라 표절과 저작권 침해 여부가 가려지는 것일까? 이제 표절과 저작권 침해를 가리기 위해 구체적인 내용을 살펴보기로 하자.

1. 표절이란 무엇인가?

얼마 전부터 언론 매체에서는 "유명인사의 표절 논란이 잇달아 불거지면서 초등학생부터 대학교수까지 표절을 대수롭지 않게 여기는 '표절한국'의 풍토에 대한 자성이 일고 있다"는 내용의 보도가 자주 나오고 있다. 실제로 포털사이트에 들어가 보면 '일기거리와 일기 내용 좀 부탁 ㅜㅜㅜ', 『호밀밭의 파수꾼』 독후감 좀 써주세요. 내공 60점 드림' 같은 제목의 질문 아닌 질문들이 게시판을 버젓이 장식하고 있으며, 답변란에는 출처 불명의 정보와 글, 기사가 줄줄이 올라와 있고, 심지어 '내공' 점수를 얻기 위해 독후감이나 일기를 써서 올린 경우도 부지기수다.

이런 현상은 곧 "정보기술(IT) 강국 한국에서는 이제 미니홈피(홈페이지)와 블로그 열풍을 타고 표절에 대한 범죄의식이 더욱 흐려지고 있다"는 해석을 가능하게 한다. 검색어만 입력하면 쏟아지는 이미지와 글을 자신의 블로그에 출처도 밝히지 않은 채 복제하고, 다른 사람의 글을 마치 자신이 쓴 것처럼 가져다 특정 미니홈피에 무단게재하는 일이 일상적으로 벌어지고 있다. '표절은 범죄'라는 인식을 찾아보기 어려운 것이 요즈음 인터넷 사용자들의 실태라고 해도 과언이 아니다. 이 같은 현상은 결국 초등학생은 물론 직장인까지 가시적인 성과 위주의 풍토에서 표절 관련 교육을 제대로 받지 못하다 보니 생겨난 당연한 결과인 것으로 판단된다. 일부에서는 학부모들이 자기 자녀의 수행평가 과제를 대신 해주면서 인터넷 검색사이트를 공공연히 활용하는 등 자녀들에게 대놓고 무단복제 방법을 가르치기도 한다.

대학도 예외는 아니다. 대학가에는 과제물을 몇 백 원에서 몇 천 원에 사고파는 사이트가 성행하고 인터넷 정보를 짜깁기한 보고서가 여기저기에서 넘쳐나고 있다. 어떤 학교 학생이 같은 자료를 다운로드, 즉 내려받았는지 알려줌으로써 같은 보고서를 한 교수에게 내지 못하도록 하는 '친절한' 사이트도 있을 정도다. 특정 학교 인터넷 동호회(카페)에는 지난 학기 수강생들의 과제물이 파일 형태로 올라 있어 누구든지 회원으로 가입하기만 하면 내려받을 수 있게 되어 있어 대학가의 불법복제를 통한 저작권 침해 문제는 심각한 수준에 이른 것으로 보인다.

표절(剽竊, plagiarism)이란 한마디로 '저작물 도둑질'이라고 할수 있다. 특히 글쓰기에 있어 남의 글을 마치 자기 글인 양 가장하는 행위가 대표적인 표절의 유형이다. 다음은 그 뜻을 정리해 놓은 백과사전의 표절 항목에 대한 설명이다.

표적(剽賊)이라고도 한다. 다른 사람이 창작한 저작물의 일부 또는 전부를 도용하여 자신의 창작물인 것처럼 발표하는 것을 말한다. 보통 학문이나 예술의 영역에서 출처를 충분히 밝히지 않고 다른 사람의 저작을 인용하거나 차용하는 행위를 가리키며, 기본적으로는 도덕적·윤리적 문제로 간주하는 경향이 짙다.

표절은 다른 사람의 창작물은 자신의 것으로 도용한다는 점에서 다른 사람의 창작물을 본따서 나름대로 재창조한 모방과는 구별된다. 패러디도 다른 사람의 저작을 차용한다는 점에서는 마찬가지지만, 기본적으로 원전을 밝히고 그것을 풍자적·해학적으로 표현하는 점에서 표절과 구별한다. 또 다른 작가나 감독의 업적과 재능에 대하여 존경의 뜻을 담아 특정한 장면이나 대사를 모방하는 오마주 역시 표절과 구별한다.

한국에서는 교수 출신 공직자들의 논문 표절이 사회적 이슈가 되면서 각 대학이나 학회별로 표절심사 가이드라인을 마련하고 있다. 2008년 2월 교육인적자원부(현 교육과학기술부)에서 마련한 논문표절 가이드라인 모형에 따르면, 여섯 단어 이상의 연쇄 표현이 일치하는 경우, 생각의 단위가 되는 명제 또는 데이터가 동일하거나 본질적으로 유사한 경우, 다른 사람의 창작물을 자신의 것처럼 이용하는 경우 등이 표절에 해당된다. 남의 표현이나 아이디어를 출처를 표시하지 않고 사용하거나 창작성이 인정되지 않는 짜깁기, 연구결과 조작, 저작권 침해 가능성이 높은 저작물의 경우는 '중한 표절'로 분류한다. 또 자신의 저작이라 하더라도 출전을 밝히지 않고 상당 부분을 그대로 다시 사용하는 경우를 자기표절이라고도 하는데, 같은 논문을 거의 그대로 다른 학술지에 게재하는 경우 등이 이에 해당된다.

또 문화체육관광부가 마련한 영화와 음악 분야의 표절 방지 가이드라인에 따르면, 단순한 아이디어 차용은 표절로 보지 않는다. 음악의 경우 가락 · 리듬 · 화음의 3요소를 기본으로 하여 곡의 전체적 분위기, 두 곡에 대한 일반 청중의 의견 등을 종합적으로 고려하여 표절 여부를 판단한다. 가락 · 리듬 · 화음 가운데 곡을 구성하는 음표를 배열함으로써 이루어지는 가락이 실질적 유사성 여부를 판단하는 가장 중요한 판단 기준이며, 화음의 경우에 연속적 전개방식이 독창성이 있다면 저작권법에서 보호하는 표현의 범위에 포함될 수 있는 것으로 본다.

또 여기에 따르면 종전까지 6마디 또는 3마디 이내의 악절은 자유롭게 베낄 수 있다고 알려진 것은 잘못된 것이며, 이 같은 양적 기준보다는 질적 판단을 중요시하여 유사한 부분이 곡의 클라이막스인 경우에 표절로 인정될 가능성이 높아진다. 두 곡의 음고(音高)에 대한 수량적 · 기계적 비교는 참고사항으로만 이용된다. 기존 음악의 일부 음원을 샘플의 형태로 추출하여 사용하는 샘플링은 정당한 대가를 지불하고 이용하였거나 원곡의 형태를 찾아볼 수 없을 정도의 창작성을 띤다면 표절은 문제되지 않는다.

영화나 드라마의 경우에는 대사뿐 아니라 등장인물과 플롯, 사건의 전개과정, 작품의 전체 분위기, 전개 속도 등 여러 가지 요소를 고려하여 판단한다. 단순한 줄거리는 아이디어에 해당하여 보호받기 어렵고, 구체적 플롯의 유사성이 인정되어야 한다. 또 작품의 분위기는 등장인물이나 플롯보다 중요한 판단요소는 아니지만 중요한 요소로 작용하기도 하며, 장소 배경이나 작품의 전개속도는 중요한 판단요소로 작용하지는 않는다.

한편, 표절은 법적으로는 저작권 침해의 한 유형이다. 저작권법에 따르면, 저작물은 인간의 사상 또는 감정을 표현한 창작물이며(2조), 그 종류는 소설 · 시 · 논문 · 강연 · 연설 · 각본과 그 밖의 어문저작물, 음악저작물, 연극 및 무용 · 무언극과 그 밖의 연극저작물, 회화 · 서예 · 조각 · 판화 · 공예 · 응용미술 저작물과 그 밖의 미술저작물, 건축물 · 건축을 위한 모형 및 설계도서와 그 밖의 건축저작물, 사진저작물, 영상저작물, 지도 · 도표 · 설계도 · 약도 · 모형과 그 밖의 도형저작물, 컴퓨터프로그램저작물 등이 있다(4조).

공표된 저작물에 대해서는 보도 · 비평 · 교육 · 연구 등을 위하여 정단한 범위 안에서 공정한 관행에 합치되게 인용할 수 있도록 허용하고 있으며(28조), 저작물을 이용할 때는 시사보도나 영리를 목적으로 하지 않는 공연 · 방송 또는 시험문제, 방송사업자의 일시적 녹음 · 녹화를 제외하고는 그 출처를 명시하도록 규정하고 있다(37조). 출처 명시 규정을 위반한 자는 500만 원 이하의 벌금에 처한다(138조).

- 출처 : 『두산백과사전』(EnCyber & EnCyber.com, 일부 수정).

위의 설명에서 등장하는 모방, 패러디, 오마주, 샘플링 등의 용어와 '표절'의 근본적인 차이점은 원전을 밝혔느냐 아니면 무시했느냐 하는 부분에 있다. 표절은 곧 원전이 따로 존재함에도 불구하고 마치 자기가 최초로 창작한 것인 양 가장하는 행위이기 때문이다. 최소한의 인용 원칙이라고 할 수 있는 출처 명시가 이루어지지 않음으로써 다른 사람의 저작행위를 무시했다는 점에서 도덕적으로, 그리고 윤리적으로 비난받아 마땅한 행위가 바로 표절인 셈이다.

그렇다면 이 같은 표절은 고의 혹은 과실을 불문하고 분야별로 어떻게 이루어지고 있으며, 그 양태는 어떠할까?

먼저 선진국의 경우 학생의 표절은 심각한 반칙행위로 간주되어 고등학교라면 해당과제의 0점 처리, 대학교라면 해당과목의 이수 실패(F학점)라는 처벌을 받을 수 있다. 상습적이거나 정도가 심각한 경우 ─ 논문이나 기고문을 통째로 베끼는 등 ─ 에는 정학이나 퇴학 조치를 당할 수도 있다. 학생들의 경우 흔히 좋은 보고서를 빨리 내야 한다는 압박감에 시달리다 보면 컴퓨터의 유혹을 떨쳐 버리기가 어렵게 마련이다. 곧 인터넷의 발달 덕분에 여러 출전으로부터 일부씩 복사해서 붙여넣는 식으로 표절하면 손쉽게 해결할 수 있기 때문에 유혹을 크게 받는 것이다. 그러나 담당 교수나 강사 및 교사가 이를 적발해 내기는 다음과 같은 이유로 대개 어렵지 않다.

① 학생들이 베끼는 출전들이 대개 겹치기 때문에 여러 명의 보고서에 같은 대목이 중첩된다.
② 학생이 자신의 '목소리'로 말하고 있는지 아닌지를 가려내기는 별로 어려운 일이 아니다.
③ 학생들이 주제와 동떨어지거나 부적절한 전거 또는 부정확

한 정보를 차용하는 경우가 많다.

④ 교수나 강사가 학생들의 보고서를 받고 나서 표절검색기를 활용하거나 포털 사이트를 통해 검색해볼 수 있는 환경이 갖추어져 있다. 인터넷이 학생들에게만 유용한 수단이 되는 것은 아니다.

특히 선진국에서는 표절이 발각되면 이미 받은 학위나 상이라도 취소하는 대학도 많다. 학생이 아닌 교수나 연구원의 표절은 신뢰도나 성실성의 손상은 물론이고 정직(停職) 또는 파면의 사유가 될 수 있다.

다음으로 언론계 또한 표절 논란으로부터 자유롭지 못하기는 마찬가지다. 어떤 대중매체가 유통되려면 공중의 신뢰를 받아야 하기 때문에, 기자가 전거를 정직하게 밝히지 않는다면 해당 신문이나 방송의 도덕성이 훼손되고 신뢰도가 무너진다. 기자가 표절 혐의를 받게 되면 일단 보도업무가 정지되고, 사내에 조사위원회가 구성되는 것이 보통이다. 특히 인터넷이 발달하면서 전자문서를 쉽게 얻어 편집할 수 있게 됨에 따라 표절의 유혹을 받는 기자들도 많아졌다. 실제로 '복사해서 붙여넣기'를 통해 표절했다가 적발된 사례가 늘어나고 있는 추세가 이 같은 현실을 잘 말해준다.

남의 글을 베끼는 경우◦에만 표절이 되는 것은 아니다. 자기 저작물을 베끼는 경우에도 표절이 성립할 수 있다. 이러한 자기표절(self-plagiarism)은 곧 자신의 저작 가운에 상당한 부분을 똑같이 또는 거의 똑같이 다시 사용하면서 원래의 출전을 밝히지 않는 경

◦ 엄격한 의미에서는 다른 사람의 관념이나 생각을 마치 자신의 것인 양 제시하는 것도 표절이 된다는 견해까지 받아들이는 학회나 학교가 늘어나고 있다.

우를 말한다. 이런 행위는 중복게재 또는 중복출판이라고도 불린다. 원저의 저작권이 다른 주체에게 양도되어 있다면 법률적인 문제도 될 수 있고, 그렇지 않다면 윤리적인 문제로 그친다. 보통 자기표절이 문제되는 경우는 학자들의 연구업적이나 학생들의 과제물처럼 출판된 결과가 새로운 문건이라는 주장을 함축할 때다. 저작권 침해와 같은 법률적인 문제를 수반하지 않는 한, 신문이나 잡지에 기고되는 시사적·문화적·전문적 평론에서는 자기표절 문제가 발생하지 않는다.

하지만 이전 저작물에서 따와서 다시 사용하는 정도가 얼마나 되어야 자기표절에 해당하는지는 경계가 모호하다. 모든 저작물에서 일부 내용을 따다가 사용하는 일 자체는 공정한 범위 안에서 법률적으로나 윤리적으로나 허용되기 때문이다. 그렇다 보니 표절에 비해 자기표절에 대한 외부규제는 당사자의 양식에 맡겨지는 경우가 많다. 자신의 저작물에서 자신이 이를 훔친다는 말 자체가 모순이기 때문이다. 어쨌든 자기표절 논란을 방지하기 위해서는 다음과 같은 권고사항들을 명심하는 것이 좋겠다.

먼저, 종전에 출판된 내용이 금번 저작물에 포함되어 있음을 서문 같은 곳을 통해 분명하게 밝힌다. 아울러 종전에 출판한 저작물의 저작재산권이 양도되었다면 현재의 저작재산권자로부터 이용

---

❷ '자기표절'이라는 용어가 과연 적절한가에 대해 의문을 제기하는 사람들이 내세우는 근거는 우선 연구자가 자신의 이전 저작물을 활용하고 보완하는 행위는 자기 연구 분야를 지속적으로 심화하고 발전시켜 나가는 과정에서 당연히 발생할 수밖에 없는 것인데 그것을 문제삼는 것은 부당하다는 점, 그리고 자기 저작물을 다시 사용하는 것은 결코 훔치는 것이 아니라는 점에 있다. 그러므로 '자기표절'보다는 '자기복제'라는 표현을 쓰자고 주장한다. 또는, '표절'이란 근본적으로 다른 사람의 저작물을 훔친 것인데, 자기 저작물을 자기가 훔친 경우에는 자신에게 처벌을 요구하는 것이 법률적으로 적절하지 않기 때문에 '중복게재'라고 표현해야 한다고 주장하는 사람도 있다.

허락을 얻음으로써 저작권 침해 시비를 방지한다. 기본적으로는 종전에 출판된 내용이 인용될 때마다 출전을 명시해야 한다. 어쨌거나 표절이든 자기표절이든 어떤 저작물을 올바르게 '인용'하지 않고 속인다는 점에서는 다를 것이 없다. 다만 표절이 대체로 타인의 저작물을 마치 자신의 저작물인 것처럼 훔쳐서 부당하게 사용하는 것을 뜻한다면, 자기표절은 자기가 이미 작성해서 공표한 저작물의 일부 혹은 전부를 다른 저작물에서 활용하면서 그 출처를 표시하지 않음으로써 마치 별개의 저작물인 것처럼 독자 또는 연구업적을 산정하는 기관을 속이는 것을 가리킨다는 점에서 차이가 있을 뿐이다.

이런 갖가지 표절을 둘러싼 논란, 특히 학계의 표절 공방에 따른 불미스러운 문제와 관련하여 이 분야를 연구하고 있는 찰스 립슨(Charles Lipson)은 다음과 같은 '학문적 정직성의 3원칙'을 강조한다.[3]

① 자신의 이름으로 제출하거나 발표하는 모든 연구실적은 실제로 자신이 연구한 것이어야 한다.
② 다른 연구자의 연구 실적을 인용하거나 참고했을 때에는 반드시 그 출처를 밝혀야 한다. 단지 학술용어를 인용한 것이라도 예외가 될 수 없다.
③ 연구자료는 정확하고 정직하게 제시해야 한다. 연구실적과 관련이 있는 모든 자료는 그것이 어떤 형태의 것이든지 예외가 될 수 없다.

---

[3] Charles Lipson, 김형주 · 이정아 옮김(2008), 『정직한 글쓰기』(서울 : 멘토르), p.8.

최근 불거지고 있는 논문 표절 등 학문 윤리의 실종 현상에 따른 위기의식을 극복하기 위하여 대학 당국에서 공표하고 있는 이른바 '연구윤리지침'에 따르면 '연구 부정행위'란 전체 연구과정(연구의 제안, 연구의 수행 및 연구결과의 보고 및 발표, 연구심사·평가 행위 등)에서 발생하는 위조 및 변조 행위, 표절 행위, 부당한 논문저자 표시 행위, 중복게재 행위 등을 말한다. 구체적으로 연구 부정행위에 해당하는 것들의 내용을 살펴보면 다음과 같다.❶

① '위조'는 존재하지 않는 데이터 또는 연구결과 등을 허위로 만들어 내는 행위를 말한다.

② '변조'는 연구 재료·장비·과정 등을 인위적으로 조작하거나 데이터를 임의로 변형·삭제함으로써 연구 내용 또는 결과를 왜곡하는 행위를 말한다(여기서 '삭제'라 함은 기대하는 연구결과의 도출에 방해되는 데이터를 고의로 배제하고 유리한 데이터만을 선택하여 사용하는 행위를 말한다).

③ '표절'은 저작권법상 보호되는 타인의 저작, 연구 착상 및 아이디어나 가설, 이론 등 연구결과 등을 정당한 승인 또는 인용 없이 사용하는 행위를 말한다.

④ '부당한 논문저자 표시'는 연구 내용 또는 결과에 대하여 학술적 기여를 한 사람에게 정당한 이유 없이 논문저자 자격을 부여하지 않거나, 학술적 기여가 없는 자에게 논문저

---

❶ 2007년에 공표한 고려대학교 〈연구윤리지침〉 참조.

자 자격을 부여하는 행위를 말한다.

⑤ '중복게재'는 편집인이나 독자에게 이미 출간된 본인 논문의 존재를 알리지 않고 이미 출간된 본인 논문과 완전히 동일하거나 거의 동일한 텍스트의 본인 논문을 다른 학술지에 다시 제출하여 출간하는 것을 말한다.

그러나 이와 같은 연구부정행위들은 우리 학계에서 그 동안 서로 눈감아주는 관행 때문에 개선될 기미를 보이지 않았던 것들이다. 지나친 관용 때문에 정직하고 당당한 연구의 토양이 제대로 마련되지 않았다고 해도 과언이 아니다. 그 밖에 우리 학계에서 논란 내지 문제가 되고 있는 표절의 유형들을 살펴보면 다음과 같은 것들이 있다.

아이디어 표절

창시자의 공적을 인정하지 않고 전체나 일부분을 그대로 또는 피상적으로 수정해서 그의 아이디어(설명·이론·결론·가설·은유 등)를 도용하는 행위를 말한다. 저자는 통상 각주 또는 참고 인용의 형태를 통해 아이디어의 출처를 밝힐 윤리적 책무가 있다. 저자는 타인의 연구제안서 및 기고 원고에 대한 동료 심사 등을 통해 알게 된 타인의 아이디어를 적절한 출처와 인용 없이 도용해서는 안 된다.[5]

---

[5] 하지만 이러한 아이디어는 저작권법상 보호받는 저작물이라고 할 수는 없다. 곧 단순히 아이디어만을 표절하는 경우에는 저작권 침해가 성립하지 않는다는 뜻이다.

텍스트 표절

저자를 밝히지 않고 다른 사람이 저술한 텍스트의 일부를 베끼는 행위를 말한다. 전형적인 표절행위에 해당하는 것으로, 범죄행위로 보아도 무방하여 저작권자의 요청이 있는 경우 형사상 책임뿐만 아니라 민사상 책임까지도 피할 수 없는 유형이다.

모자이크 표절

다른 사람이 저술한 텍스트의 일부를 조합하거나, 단어를 추가 또는 삽입하거나, 단어를 동의어로 대체하여 사용하면서 원저자와 출처를 밝히지 않는 행위를 말한다. 고도의 전문지식을 갖추지 않는 한 제3자가 발견해 내기 어려운 표절유형이지만, 해당 전문분야에서 여러 연구자들이 함께 연구하는 과정에서 발각될 수밖에 없는 파렴치한 행위가 아닐 수 없다.[6]

아이디어 왜곡

다른 사람의 말과 생각임을 인정하지 않고 그 사실을 왜곡하는 행위를 말한다. 다른 사람의 말과 생각을 자신이 쉽게 풀어쓸 때에는 자신의 생각과 일치하지 않더라도 원문의 표현을 그대로 살려야 함에도 그렇게 하지 않는 것을 가리킨다. 인용문을 짧게 줄일 경우에도 그 사실을 알리고 해당 인용문의 핵심적인 생각을 훼손하지 않아야 한다.[7]

---

[6] 모자이크 표절의 경우 편집물로서 각각의 구성부분이 되는 저작물의 저작권을 침해하는 결과가 예상된다. 특히 저작인격권(성명표시권)과 저작재산권을 동시에 침해한 것이 될 수 있다.
[7] 이는 결과적으로 다른 사람의 제작물을 변형했다는 점에서 저작인격권으로서의 동일성유지권을 침해한 것으로 볼 수도 있다.

저작권법에 따라 보호되는 '저작물'이란, 특별한 요건을 갖춘 것이라기보다는 문학적이든 학술적이든, 혹은 예술적이든 개인의 독창성이 엿보이는 것으로서 이용 가능한 상태에 놓여 있는 것을 가리킨다. 나아가 그것의 수준에 관계없이 저작권은 내포되어 있으며, 어떤 절차나 방식이 필요 없이 창작과 동시에 저작권이 생긴다. 그리고 이러한 저작물은 다른 사람이 그것을 원저작물로 하여 2차적저작물, 즉 번역 · 편곡 · 변형 · 각색 · 영상제작 등의 방법으로 재창작할 수 있으며, 여러 저작물을 선택하여 창작적으로 배열함으로써 편집저작물을 만들 수도 있다. 따라서 이러한 2차적저작물이나 편집저작물도 엄연한 저작물이므로 그것을 작성한 사람 역시 저작자가 될 수 있다. 이러한 저작자에게는 기본적으로 저작인격권과 저작재산권이 부여된다.

이 중에서 저작재산권의 침해가 성립하기 위해서는 다음과 같이 세 가지 요건이 충족되어야 한다.●

① 창작적인 표현을 복제●해야 한다. 저작권법에서는 창작적인 표현만을 보호하기 때문이다.

● 저작인격권은 공표권, 성명표시권 및 동일성유지권이 각각 독특한 구성요건으로 규정되어 있으므로 일반적 또는 공통적인 침해요건이 있을 수 없다. 따라서 저작재산권의 침해에 저작인격권의 침해가 수반될 수도 있고, 저작재산권의 침해가 없어도 저작인격권의 침해가 있을 수 있다.
● 여기서 '복제'의 개념은 저작권법상의 복제권만을 의미하는 유형복제가 아니라, 공연 · 방송 · 전송 등 무형복제도 포함하는 넓은 개념이다.

② 어떤 기존의 저작물에 의거®하여 작성했거나 혹은 작성된 복제물이 실질적으로 기존의 저작물과 유사해야 한다. 그런데 의거와 실질적 유사성의 관계는, 의거를 했으나 실질적 유사성이 없으면 2차적저작물이 되는 것이며, 의거를 하고 실질적 유사성도 있으면 저작재산권의 침해물이 되는 것이고, 실질적 유사성은 있으나 의거를 하지 않았으면 우연의 일치로서 별개의 독립 저작물이 된다.

③ 불법적인 복제라야 한다. 저작권법에서는 저작재산권의 제한과 법정허락 등이 있으므로 이러한 규정에 해당하여 불법복제가 아니라면 저작재산권의 침해문제가 있을 수 없기 때문이다.

먼저 첫째 요건으로서의 '창작적인 표현'과 관련하여 대법원 판례(1999. 11. 26. 선고, 98다46259 판결 참조)에 따르면 저작권법상 '창작성'이란 완전한 의미의 독창성을 말하는 것은 아니며, 단지 어떠한 작품이 남의 것을 단순히 모방한 것이 아니고 각자 자신의 독자적인 사상 또는 감정의 표현을 담고 있음을 의미할 뿐이어서 이러한 요건을 충족하기 위해 단지 저작물에 그 저작자 나름대로의 정신적 노력의 소산으로서의 특성이 부여되어 있고 다른 저작자의 기존 작품과 구별할 수 있을 정도이면 충분하다고 함으로써 창작성의 정도를 높게 요구하지 않는 입장을 보이고 있다. 그리하여 저작권의 보호대상은 학문과 예술에 관해 사람의 정신적 노

---

^⑩ '의거(依據)'라는 말을 저작권 관련 소송에서 처음 공식적으로 사용한 것은 1978년 일본최고재판소의 판례이며, 미국에서는 의거가 아닌 접근(access)이란 용어를 사용하고 있다. 우리나라에서는 저작재산권 침해의 주관적 요건을 '의거'라 하고 '접근'은 소송의 입증방법으로 구분하기도 한다. 오승종·이해완(2004), 『저작권법(제3판)』(서울 : 박영사), p.470.

력에 의해 얻어진 사상 또는 감정을 말이나 문자, 음, 색 등으로 구체적으로 표현한 창작적인 표현형식이라는 점, 그리고 표현되어 있는 내용, 즉 아이디어나 이론 등의 사상 및 감정 그 자체는 설사 그것이 독창성·신규성이 있다 하더라도 원칙적으로 저작권 보호 대상이 되지 않는다는 점, 그러므로 저작권의 침해 여부를 가리기 위해 두 저작물 사이에 실질적인 유사성이 있는가를 판단함에 있어서도 창작적인 표현형식에 해당하는 것만 가지고 대비해야 한다는 점을 강조하고 있다.

또한, 둘째 요건 중 '의거'라는 말은 침해자가 기존의 저작물을 이용했음을 의미하는 것이므로 거의 동일한 내용이라 하더라도 그것이 단순한 우연의 일치이거나 공통의 소재를 이용하는 데에서 오는 자연적 귀결인 경우 혹은 공유에 속하게 된 다른 저작물을 함께 이용한 데에서 오는 결과인 경우에는 저작권의 침해가 된다고 볼 수 없다. 또한 '실질적 유사성'이란, 작품 속의 근본적인 본질 또는 구조를 복제함으로써 두 저작물 사이에 비록 구체적 표현으로 대칭되는 유사성은 없다 하더라도 전체로서의 포괄적인 유사성이 있는 경우와 작품 속의 특정한 표현이나 세부적인 표현이 복제된 경우를 뜻하고, 이때 아이디어, 즉 단순한 사상이나 주제가 같다고 해서 그 실질적 유사성을 인정할 수는 없다는 뜻을 담고 있다.

만일 표절문제와 관련하여 분쟁이 발생할 경우 우리 법원의 법리해석은 곧 실질적 유사성에 관한 질적 판단을 원칙으로 삼아 진행되겠지만, 한편으로는 저작권법 정신에 비추어 볼 때 저작권 침해 여부를 판단하는 기준으로서 실질적 유사성이 저작물의 종류 또는 그에 포함된 아이디어의 종류에 따라 달라질 수밖에 없는 결과를 초래할 수도 있다. 따라서 표절 또는 무단복제에 관한 최종판단은 사례별로 인용 정도와 범위, 표현방법, 그리고 전문분야에 따라 크게 달라질 수 있다.

한편, 저작물의 모방성과 관련하여 생각해야 할 문제가 바로 '패러디(parody)' 기법이다. 패러디란 원래 문학에서 '특정한 작품의 진지한 소재와 태도, 또는 특정 작가의 고유한 문체를 모방해서 그것을 저급하거나 매우 걸맞지 않은 주제에 적용시키는 것'[11]을 말한다. 따라서 문학 또는 예술의 창작에 있어서 패러디는 얼마든지 일어날 수 있다. 하지만 그것이 진정한 의미에서 패러디라면 패러디라고 여겨질 수 있을 정도의 작품성이 있어야 하며, 그렇지 못하다면 무단복제에 불과하므로 저작권 침해에 해당할 것이다.

다음은 어느 번역작가가 유명 외국작가의 생애에 대해 쓴 글이다.

> 1939년 제2차 세계대전이 시작되면서 울프 부부의 삶에는 점차 암운이 덮이기 시작했다. 독일군의 침공은 유태인인 레너드에게 잠재적인 위협이었으며, 시골집으로 대피했지만 갈수록 심각해지는 전시의 불편과 고통은 버지니아의 신경을 극도로 자극했다. 다시금 자신이 미쳐가고 있음을 감지한 그녀는 남편에게 마지막 편지를 썼다. "나는 당신의 인생을 더 이상 망치고 싶지 않습니다……" 그러고는 아침 일찍 집을 나섰다. 이슬이 아직도 촉촉한 초원을 씩씩한 걸음걸이로 가로질러 강으로 나가서 주머니에 돌멩이들을 가득 집어넣고 강물로 들어갔다. 시체는 2주 후에야 발견되었다.[12]

---

[11] 권택영 · 최동호 편역(1985), 『문학비평용어사전』(서울 : 새문사), p.292.
[12] 버지니아 울프, 최애리 옮김(2007), 『델러웨이 부인』(서울 : 열린책들), pp.260~261.

만일 누군가 같은 외국작가의 생애에 관한 글을 쓰면서 위의 글을 그대로 옮겨놓고는 어차피 유명인의 생애에 관한 사실이므로 창작성을 인정할 수 없다고 주장한다면 어떻게 될까? 나아가 "유명인의 생애 자체는 만인에게 공통된 것이며 자유로운 이용이 허용되어야 하는 아이디어 영역에 속한 것으로서 저작권 보호대상이 아니다"고 주장한다면 과연 타당한 것일까? 여기서 우리는 팩트(fact)와 픽션(fiction)의 차이를 놓치지 말아야 한다. 위의 글에는 단순한 팩트(사실)뿐만 아니라 픽션(창작)도 포함되어 있기 때문이다. 즉 '자신이 미쳐가고 있음을 감지'했다거나 아침 일찍 집을 나서서 "이슬이 아직도 촉촉한 초원을 씩씩한 걸음걸이로 가로질러 강으로 나가서 주머니에 돌멩이들을 가득 집어넣고 강물로 들어갔다"는 표현은 어디까지나 "남편에게 편지를 남겼다"는 사실과 "죽은 채 강에서 발견되었다"는 사실을 바탕으로 꾸며진 글쓴이의 상상의 산물이기 때문이다.

저작권 침해에 따른 구제와 처벌

일반적으로 권리의 침해란 '정당한 권리자의 승낙이나 동의 또는 권리의 양도 없이 그 권리의 목적물을 이용함으로써 권리자의 권익을 해치는 행위'라고 정의할 수 있다. 따라서 저작권의 침해 역시 저작물을 이용함에 있어서 위와 같은 사유에 해당하는 것을 뜻하며, 저작권법에서는 그러한 침해사유가 발생했을 경우에 대응할 수 있는 방법으로 민사상 구제와 형사상 처벌을 규정하고 있다. 아울러 저작권은 저작인격권과 저작재산권을 포괄하는 개념이므로 침해 유형 또한 인격권과 재산권으로 나누어 살펴보아야 한다.

현행 저작권법 제9장에서는 저작권 침해에 대한 민사상 구제의 구체적인 내용에 대한 규정들을 다루고 있다. 저작권법 제9장에서 다루고 있는 민사상의 구제로는 침해행위정지청구권(제123조), 손해배상청구권(제125조), 명예회복청구권(제127조) 등이 있으며, 제11장에서는 형사상 처벌에 대해 다루고 있다. 하지만 저작재산권의 제한규정(제23조 내지 제37조)에 따라 자유이용이 허용되는 경우나 저작권의 보호기간이 끝난 경우, 상속인이 없거나 법인이 해산된 경우 또는 저작권의 포기 등으로 권리가 소멸된 경우(제49조), 그리고 법정허락(제50조 내지 제52조)에 의한 경우 등에는 저작권자의 허락이 없었다고 하더라도 법률상 위법이라고 할 수 없어 권리침해로 인한 문제가 생기지 않는다. 반면에 저작권자의 허락을 얻었다고 하더라도 그 허락받은 이용조건이나 범위를 벗어나서 이용했을 때나 저작재산권의 제한규정에 허용된 목적을 벗어나서 이용했을 때는 권리침해가 성립될 수 있다.

여기서는 손해배상청구권에 대해서만 살펴보기로 하자.

손해배상이란 법률의 규정에 따라 남이 입은 손해를 메워주는 것을 말하며, 저작권법에서는 다른 사람의 저작권을 침해함으로써 그 권리자에게 끼친 손해를 배상하는 것에 대해 규정하고 있다. 곧 저작재산권 등 저작권법에 의해 보호되는 권리를 가진 사람이 그 권리를 침해한 사람을 상대로 손해배상을 청구할 수 있으며, 그때의 손해금액은 침해자가 침해행위로 인해 얻은 이익의 정도로 추정할 수 있다. 이러한 손해배상청구권의 발생 요건을 살펴보면 다음과 같다.

① 침해행위 당시에 피해자에게 저작권이 존재할 것

② 가해자의 고의 또는 과실이 있을 것

③ 권리침해에 따른 위법성이 있을 것

④ 권리침해로 인한 손해가 발생했을 것

⑤ 권리침해와 손해발생 사이에 인과관계가 있고, 이를 피해
자측이 입증할 수 있을 것

이러한 요건이 충족된 다음에 가해자의 침해행위와 상당한 인과
관계가 있는 손해를 기준으로 손해배상의 범위가 산정되는 것이
다. 이때 정신적 피해를 뜻하는 저작인격권의 침해는 금전적으로
환산하기 어려울 뿐만 아니라, 그것을 손해배상이라는 차원으로
다룰 수 없기 때문에 제외된다. 다만 '명예회복 등의 청구' 규정에
따라 저작인격권을 침해한 자에 대해 손해배상에 갈음하는 조치를
취할 수는 있는데, 이는 손해배상의 청구가 아닌 '위자료(慰藉
料)'의 청구에 해당한다.

이처럼 손해가 발생한 사실은 인정되지만 그 손해액을 산정하기
어려운 경우 법원이 여러 정황을 참작해서 그 손해액을 인정할 수
있다. 저작물의 무형적 특성 때문에 저작권 등이 침해된 것이 틀림
없다 해도 결과적으로는 피해자가 아무리 입증하려 해도 자신의
손해액을 산정하기 어려운 경우가 있는데, 이런 경우 '손해액의
인정'이라고 하여 "법원은 손해가 발생한 사실은 인정되나 그 손해
액을 산정하기 어려운 때에는 변론의 취지 및 증거조사의 결과를

---

⑱ 이는 법률상의 불이익을 부과하기 위해 필요로 하는 주관적 요건, 곧 의사능력(意思能力) 또
는 책임능력이 있고, 고의 또는 과실이 있어야 한다는 '귀책사유(歸責事由)'의 원칙에 근거를
두고 있다.

참작하여 상당한 손해액을 인정할 수 있다"고 규정하고 있는 것이다.

한편, 저작물을 이용함에 있어서 정당한 법률상의 근거가 없으면 행위자의 고의 또는 과실로서의 주관적 요인이 없는 경우에도 저작권 침해의 책임이 발생할 수 있다. 즉, 행위자에게 아무런 과실이 없는 경우라고 하더라도 권리자는 그 침해행위의 정지를 청구할 수 있는 것이다. 그런 점에서 저작권 침해는 과실책임주의를 원칙으로 삼는 민법상의 불법행위와 다르다. 그러나 권리침해를 원인으로 해서 손해배상, 명예회복 등의 조치나 부당이득의 반환 등을 청구할 때에는 일반 불법행위와 마찬가지로 고의 또는 과실이 입증되어야 한다.[1]

형사상 처벌

저작권법 제11장에서는 저작권 및 그 밖의 저작권법에 의해 보호되는 권리를 침해한 자와 저작권법의 규정에 위반한 자, 저작권법에 규정한 권리에 준하는 법익으로 특별히 규정한 것을 침해한 자 등에 대한 형사상 처벌에 대해 규정하고 있다. 이러한 벌칙의 내용은 권리의 침해죄, 부정발행 등의 죄, 출처명시 위반의 죄 등, 몰수, 양벌규정, 과태료 등으로 나뉘는데, 최고 5년 이하의 징역과 5천만 원 이하의 벌금형을 병과할 수 있으며, 경우에 따라서는 3천만 원 이하의 과태료에 처할 수 있음을 명시하고 있다.

여기서 민사상의 구제와는 다른 형사적인 처벌의 특성을 살펴보면 다음과 같다.

---

[1] 한승헌(1992), 『정보화시대의 저작권』(서울 : 나남), p.104.

첫째, 민사상의 권리침해자는 침해의 법률적·경제적 효과가 미치는 주체이지만 형사상의 범죄행위자는 원칙적으로 구체적 행위를 행한 자연인으로서의 개인을 반사회적인 행위를 한 자로 판단해서 처벌한다는 점이다. 다만, 제141조의 양벌규정에서는 예외적으로 행위자의 고용주까지도 해당조의 벌금형으로 처벌한다고 규정했을 뿐이다.

둘째, 민사상의 침해 정지 또는 예방의 청구에서처럼 고의나 과실이 없어도 처벌이 가능한 것이 아니라 어떤 행위가 범죄로서 성립하기 위해서는 어디까지나 행위자의 고의를 필요로 한다는 점이다. 즉, 행위자가 범죄행위를 할 의사가 있었던 경우에만 처벌되며 과실에 의한 행위는 처벌되지 않는다. 여기서 말하는 '고의'란 벌칙에서 규정한 권리침해 등의 구성요건에 해당하는 구체적 사실을 인식하고 있음을 뜻하므로 다른 사람의 권리를 침해하고 있다는 사실만 인식하면 되고 저작권법의 존재를 알고 있는지의 여부와는 관계가 없다.

셋째, 민사상의 권리 침해에 대한 법률의 적용은 국내에서 행한 행위만을 대상으로 하지만 형사상의 처벌은 국외에서 행한 행위에도 미친다는 점이다. 따라서 우리나라 국민이 외국에서 국내 저작권법의 벌칙에 규정된 죄를 범한 경우에는 공소시효가 끝나기 전에 국내로 들어왔다면 권리자의 고소에 따라 처벌하는 것이 가능하다. 한편, 저작권법에서 규정하고 있는 처벌조항의 공소시효는 형사소송법의 규정에 따라 '범죄행위가 종료한 때로부터 최장 3년'으로 되어 있다.

물론 저작재산권의 제한규정에 따라 자유이용이 허용되는 경우나 저작권의 보호기간이 끝난 경우, 상속인이 없거나 법인이 해산된 경우 또는 저작권의 포기 등으로 권리가 소멸된 경우, 그리고 법정허락에 의한 경우 등에는 저작권자의 허락이 없었다고 할지라도 법률상 위법이라고 할 수 없어 권리침해로 인한 형사처벌 문제가 생기지 않는다.

먼저 '5년 이하의 징역 또는 5천만 원 이하의 벌금에 처하거나 이를 병과' 할 수 있는 범죄 대상자로는 데이터베이스제작자의 권리를 제외한 '저작재산권 및 그 밖의 저작권법에 의해 보호되는 재산적 권리'를 '복제·공연·공중송신·전시·배포·2차적저작물의 작성의 방법으로 침해한 자'가 있다. 특히 저작재산권의 침해행위에 대한 강도 높은 처벌을 규정하고 있는 것이다.

다음으로 '3년 이하의 징역 또는 3천만 원 이하의 벌금에 처하거나 이를 병과' 할 수 있는 범죄 대상자로는 모두 여섯 가지가 있다.

첫째, 저작인격권으로서의 공표권·성명표시권·동일성유지권 또는 실연자의 성명표시권·동일성유지권을 침해하여 저작자 또는 실연자의 명예를 훼손한 자. 여기서 주의할 점은 저작인격권의 침해행위만으로는 그 죄가 성립되지 않으며 그 행위로 인해 저작자 또는 실연자의 명예가 훼손되어야 한다는 것이다. 따라서 단순한 저작인격권의 침해로서 저작자 또는 실연자의 명예를 훼손하지는 않았다면, 즉 저작자 또는 실연자의 명예를 훼손하지 않은 저작인격권 침해라면 이러한 처벌의 대상이 되지 않는다. 예를 들어, 저작물의 내용을 일부러 변경한 것만으로는 명예를 훼손했다고 볼 수 없고, 그 변경의 내용이 잘못되어 그로 말미암아 저작자의 명예가 훼손되었음이 분명한 경우에만 처벌의 대상이 되는 것이다.

둘째, 저작권 등의 등록 및 저작재산권 · 출판권 · 데이터베이스 제작자의 권리 · 저작인접권 등의 양도 또는 처분제한 및 이를 목적으로 하는 질권의 설정 · 이전 · 변경 · 소멸 또는 처분제한에 대한 등록 등을 허위로 한 자. 원래 각종 등록부는 일종의 공부(公簿)로서 등록에 의한 공시력에 따라 등록된 사항은 일단 진실한 것으로 추정되는 효과를 발휘하게 된다. 그런 점을 감안할 때, 만일 등록사항에 거짓이 있다면 그로 인해 선의의 제3자가 손해를 입거나 거래의 안전이 깨질 우려가 있으므로, 등록의 진실성을 보장하고 저작권 관계자들의 각성을 촉구하기 위해서 허위등록에 대한 처벌조항을 마련하고 있는 것이다.

셋째, 데이터베이스제작자의 권리를 복제 · 배포 · 방송 또는 전송의 방법으로 침해한 자.

넷째, 저작권 침해행위로 보는 행위 — 수입시에 대한민국 내에서 만들어졌더라면 저작권 및 저작권법에 의해 보호되는 그 밖의 권리의 침해로 될 물건을 대한민국 내에서 배포할 목적으로 수입하는 행위, 저작권 및 그 밖의 이 법에 의해 보호되는 권리를 침해하는 행위에 의하여 만들어진 물건을 그 사실을 알고 배포할 목적으로 소지하는 행위 — 를 한 자.

다섯째, 업으로 또는 영리목적으로 저작권 침해행위로 보는 행위 — 정당한 권리 없이 저작권 및 저작권법에 의해 보호되는 그 밖의 권리의 기술적 보호조치를 제거 · 변경 · 우회하는 등 무력화하는 것을 주된 목적으로 하는 기술 · 서비스 · 제품 · 장치 또는 그 주요부품을 제공 · 제조 · 수입 · 양도 · 대여 또는 전송하는 행위 — 를 한 자.

여섯째, 업으로 또는 영리목적으로 저작권 침해행위로 보는 행위 — 저작권 및 저작권법에 의해 보호되는 그 밖의 권리의 침해를 유발 또는 은닉한다는 사실을 알거나 과실로 알지 못하고 정당한 권리 없이 하는 행위로서 전자적 형태의 권리관리정보를 고의로 제거·변경 또는 허위 부가하는 행위 또는 전자적 형태의 권리관리정보가 제거·변경되거나 또는 허위로 부가된 사실을 알고 당해 저작물 등의 원본이나 그 복제물을 배포·공연 또는 공중송신하거나 배포의 목적으로 수입하는 행위 — 를 한 자. 다만, 과실로 저작권 또는 저작권법에 따라 보호되는 권리침해를 유발 또는 은닉한다는 사실을 알지 못한 자를 제외한다.

그 밖에 '1년 이하의 징역 또는 1천만 원 이하의 벌금'에 해당하는 처벌을 받게 되는 범죄 대상자 또한 모두 여섯 가지로 나뉜다.

첫째, 저작자가 아닌 자를 저작자로 하여 실명 또는 이명을 표시한 다음에 그 저작물을 공표한 자.

둘째, 실연자 아닌를 실연자로 하여 실명 또는 이명을 표시하여 실연을 공연 또는 공중송신하거나 복제물을 배포한 자.

셋째, 저작자의 사망 후에 그의 명예를 훼손하는 방법으로 저작물을 이용한 자.[15]

넷째, 허가를 받지 않고 저작권신탁관리업을 한 자.

다섯째, 저작권 침해행위로 보는 행위 — 저작자의 명예를 훼손

---

[15] 형법 제308조에서는 사자(死者)의 명예를 훼손하는 행위를 범죄로 규정하고 있는데, 같은 취지에서 사망한 저작자의 저작물을 이용함에 있어서 저작자의 명예를 훼손하는 방법으로 저작물을 이용한 사람은 살아 있는 저작자의 저작인격권 침해보다는 미약하게나마 국가가 나서서 처벌함으로써 문화유산으로서의 저작물을 남긴 저작자의 인격적 이익을 공공차원에서 보호한다는 뜻으로 해석할 수 있다. 이 규정 역시 비친고죄에 해당하기 때문에 유족 등의 의향보다는 검사의 주관적 판단이 기소에 영향을 미친다.

하는 방법으로 그 저작물을 이용하는 행위 ― 를 한 자.

여섯째, 자신에게 정당한 권리가 없음을 알면서도 고의로 복제 및 전송의 중단 또는 재개요구를 하여 온라인서비스제공자의 업무를 방해한 자.

끝으로, "촉탁에 의한 초상화 또는 이와 유사한 사진저작물의 경우에는 촉탁자의 동의가 없는 때에는 이를 이용할 수 없다"는 규정에 위반한 자, 저작재산권의 제한에 해당하는 경우라도 저작물의 이용상황에 따라 합리적이라고 인정되는 방법으로 출처를 명시해야 함에도 이를 위반한 자 등은 500만 원 이하의 벌금형에 처해질 수 있다.

친고죄와 비친고죄

저작권법 제140조에서는 저작권 침해범죄에 대한 친고죄 및 비친고죄 여부를 규정하고 있다. 먼저 친고죄란 '범죄의 피해자나 그 밖의 법률에 정한 사람의 고소가 있어야 공소를 제기할 수 있는 범죄'를 말하며, 강간죄·명예훼손죄·모욕죄 등이 대표적이다. 다시 말하면, 형사상의 범죄는 형사소송법 제246조의 규정에 따라 검사만이 공소의 제기, 즉 형사소추*를 할 수 있는데, 피해자 등의 고소가 없으면 공소를 제기할 수 없는 범죄를 가리켜 친고죄라고 한다. 이러한 친고죄는 극히 개인적인 사권(私權)에 있어서 그 침해에 대한 형사책임 추궁의 여부는 피해자인 권리자의 판단에 맡기는 것이 적당하다는 취지에서 만들어진 것이라고 할 수 있다. 따

---

⑯ 검사(檢事)가 특정범죄에 대한 피고인을 기소하여 그 형사책임을 추궁하는 일.

라서 저작권 관련 침해에 있어서도 개인적 권리와 밀접한 것들은 친고죄로 규정하고 있으며, 친고죄의 공소시효는 형사소송법 제230조의 규정에 따라 '범인을 알게 된 날로부터 6개월'이며 고소를 일단 취소한 경우에는 다시 고소할 수 없다. 따라서 저작재산권자, 저작인격권자, 출판권자, 데이터베이스제작자, 저작인접권자, 복제권자 및 저작자 등이 저작권법에 의해 보호를 받는 권리자로서 침해에 따른 고소권자가 될 수 있다. 그리고 공동저작물이나 공동실연인 경우에는 그 권리의 침해에 대해 각자가 단독으로 고소할 수 있으며, 고소의 시효나 취소 또한 각자에게 별도로 적용된다.⑪ 아울러 피해자가 사망한 경우에는 형사소송법 제225조 제2항에 따라 그의 배우자·직계혈족·형제자매가 고소할 수 있다.

구체적으로 이러한 친고죄에 해당하는 저작권 관련 범죄의 유형을 살펴보면 다음과 같다.

① 권리의 침해죄로서 저작재산권 등의 침해죄가 있다. 저작재산권 및 그 밖의 저작권법에 의해 보호되는 재산적 권리를 복제·공연·공중송신·전시·대여·배포·2차적저작물 작성 등의 방법으로 침해한 자가 해당된다.

② 권리의 침해죄로서 저작인격권의 침해죄가 있다. 저작인격권을 침해하여 저작자의 명예를 훼손한 자가 해당된다.

③ 저작권법 제124조에서 규정한 '침해로 보는 행위'를 한 죄가 있다. 다만, 과실로 저작권 또는 이 법에 의하여 보호되는 권

---

⑪ 따라서 공동저작물 등에서처럼 고소권자가 여럿인 경우에는 그 중 한 사람에 대한 고소 기간이 지났다고 하더라도 다른 사람에게 영향을 미치지 않으므로 각 권리자는 자기가 범인을 안 날로부터 6개월 내에 고소를 할 수 있다. 아울러 고소의 취소에 있어서도 개별적인 고소권이 인정됨에 따라 한 권리자의 고소취소가 다른 사람의 고소까지 취소하는 효력을 갖는 것은 아니다.

리 침해를 유발 또는 은닉한다는 사실을 알지 못한 자를 제외
한다.

④ 출처명시위반 등의 죄가 있다. 저작권법 제37조에서는 저작
재산권의 제한에 해당하는 경우라도 저작물의 이용상황에 따
라 합리적이라고 인정되는 방법으로 출처를 명시하도록 규정
하고 있다. 특히 남의 저작물을 인용하고도 마치 자기 창작인
양 넘어가려는 저작자들에게는 각별히 유념해야 할 규정이
아닐 수 없다.

한편, 2007년의 전부개정과 2009년의 일부개정을 거치면서 비
친고죄에 해당하는 저작권 침해유형이 달라졌다. 현행 저작권법에
서 규정하고 있는 비친고죄에 해당하는 경우를 정리하면 다음과
같다.

① 저작권의 등록, 권리변동의 등록, 출판권의 등록, 저작인접권
의 등록, 데이터베이스제작자의 권리 등록, 프로그램배타적
발행권 등록 등을 거짓으로 하는 행위.

② 업으로 또는 영리를 목적으로 정당한 권리 없이 기술적 보호
조치를 제거·변경·우회하는 등 무력화하는 것을 주된 목적
으로 하는 기술·서비스·제품·장치 또는 그 주요 부품을
제공·제조·수입·양도·대여 또는 전송하는 행위.

③ 업으로 또는 영리를 목적으로 저작권 침해를 유발 또는 은닉
한다는 사실을 알거나 과실로 알지 못하고 정당한 권리 없이
하는 행위로서 전자적 형태의 권리관리정보를 고의로 제거·
변경 또는 허위 부가하는 행위. 또는 전자적 형태의 권리관리
정보가 제거·변경되거나 또는 허위로 부가된 사실을 알고

당해 저작물 등의 원본이나 그 복제물을 배포·공연 또는 공중송신하거나 배포의 목적으로 수입하는 행위.

④ 저작자 아닌 자를 저작자로 하여 실명·이명을 표시, 저작물을 공표하는 행위.

⑤ 실연자 아닌 자를 실연자로 하여 실명·이명을 표시하여 실연을 공연 또는 공중송신하거나 복제물을 배포하는 행위.

⑥ 저작자 사망 후에 명예를 훼손하는 방법으로 저작인격권을 침해하는 행위.

⑦ 허가를 받지 않고 저작권신탁관리업을 하는 행위.

⑧ 자신에게 정당한 권리가 없음을 알면서 고의로 온라인서비스제공자의 책임제한 규정에 따른 복제·전송의 중단 또는 재개요구를 하여 온라인서비스제공자의 업무를 방해하는 행위.

⑨ 등록업무를 수행하는 자 및 그 직에 있었던 자가 비밀유지의 의무를 위반하는 행위.

⑩ 신고를 하지 않고 저작권대리중개업을 하거나, 영업의 폐쇄명령을 받고 계속 그 영업을 하는 행위.

⑪ 영리를 목적으로 수입 시에 대한민국 내에서 만들어졌더라면 저작권 및 그 밖의 이 법에 따라 보호되는 권리의 침해로 될 물건을 대한민국 내에서 배포할 목적으로 수입하는 행위, 그 사실을 알고 배포할 목적으로 소지하는 행위, 프로그램의 저작권을 침해하여 만들어진 프로그램의 복제물을 그 사실을 알면서 취득한 자가 이를 업무상 이용하는 행위.

3. 판례 분석

저작물의 창작성에 대하여 "일반적으로 어문저작물에서는 주제나 배경, 분위기 등 추상적인 요소들은 아이디어에 해당하지만, 구체적인 사건의 전개와 상세한 줄거리, 등장인물의 성격과 상호관계 등 구체적인 요소들은 표현으로서 보호받게 된다. 제호나 프레이즈(phrase) 같이 간결한 문구가 저작권의 보호를 받지 못하는 것도 구체성을 결하였기 때문이라고 이해할 수 있다"[15]는 설명은 매우 적절한 것이 아닐 수 없다. 이를 구체적으로 살피기 위하여 다음 판례를 보기로 하자.

판례(1): '까레이스키' 사건
– 대법원 제1부 2000.10.24. 선고, 99다10813 판결

사건 개요

A는 1992년에 러시아 각지를 돌면서 러시아에 거주하는 한인들을 만나보고 일제강점기에 러시아로 이주했던 한인들의 삶에 관한 자료를 모은 뒤 1993년 7월경 모두 5권으로 이루어진 『톈산산맥』이라는 제목의 장편 대하소설을 출간하였다. 이 소설은 제1권부터 제3권까지 재소(在蘇) 작가 조명희 시인의 삶을 바탕으로 '백명회'란 주인공을 등장시켜 일제강점기 연해주로 탈주하고 연해주에서 중앙아시아로 강제 이주해 간 한인들의 삶을 그리고 있으며, 제4권은 작가인 A가 러시아 한인들에 관한 자료수집을 위해 다녔던

[15] 권영준(2007), 『저작권 침해판단론』(서울 : 박영사), p.101.

여정을 소설형식으로 그리고 있고, 제5권은 시와 화보 및 기타자료로 이루어져 있다.

B는 방송사로서 1994년 12월부터 1995년 3월까지 22부작 텔레비전 드라마 『까레이스키』를 방영하였다. 이 드라마는 원래 '갑'이 1차 시놉시스를 만들고 이에 기초하여 대본을 완성한 다음 제작될 예정이었으나 도중에 제작진에 의하여 스토리가 변경되면서 신인작가인 '을' 등이 갑의 1차 시놉시스와 일부 대본을 바탕으로 이야기를 수정한 대본에 근거하여 만들어졌다. 소재는 소설 『텐산산맥』과 마찬가지로 러시아에 이주한 한인들의 삶에 관한 이야기를 다루고 있다.

한편, 드라마 『까레이스키』가 방영되고 난 후 A는 B 소속의 연출자가 원래 '갑'의 극본으로 제작, 방영할 예정이었던 드라마를 도중에 신인작가인 '을' 등을 동원해서 이야기를 대폭 수정하는 과정에서 많은 부분에 걸쳐 A의 소설 『텐산산맥』을 분해하여 모자이크식으로 표절했다고 주장하면서 저작권 침해에 따른 손해배상을 청구하는 소송을 제기하였다. 하지만 1심법원과 2심법원에서 A는 패소했고, 대법원에 상고했지만 최종심에서도 '상고를 기각한다'고 판결하였다.

판결 이유

재판부는 원심판결 이유에 의하면, B의 드라마 『까레이스키』의 제작을 위하여 '갑'이 쓴 1차 시놉시스는 A의 소설 『텐산산맥』이 출간되기 전에 완성되었으므로 의거관계가 처음부터 성립될 여지가 없으나 '을' 등이 2차 시놉시스를 완성한 뒤 방송대본을 집필하고 드라마 『까레이스키』가 제작될 시점에는 B측의 연출가가 적어도 소설 『톈산산맥』의 존재를 이미 알고 있었으므로 드라마 『까레이스키』는 소설 『톈산산맥』에 의거하여 저작된 것으로 추정할 수 있다고 보았다.

또한 두 작품 모두 일제 치하에 연해주로 이주한 한인들의 삶이라는 공통된 배경과 사실을 소재로 주인공들의 일제 식민지로부터의 탈출, 연해주 정착, 중앙아시아로의 강제이주라는 공통된 전개방식을 통하여 제정 러시아의 붕괴, 볼세비키 혁명, 적백내전, 소련공산정권의 수립, 스탈린의 공포정치 등 러시아의 변혁과정에서 연해주와 중앙아시아에 사는 한인들이 어떠한 대우를 받았고 어떻게 적응하며 살아왔는지 그 실상을 파헤치고 있다는 점에서 유사한 면이 있다고 보았다.

하지만 이는 공통의 역사적 사실을 소재로 삼은 데서 오는 결과일 뿐, 두 작품의 실질적 동일성 내지 종속성을 입증하는 것은 아니라고 하였다. 실제로 소설 『톈산산맥』은 이야기의 구성이 단조롭고 등장인물의 발굴과 성격도 비교적 단순한 데 비해 드라마 『까레이스키』는 등장인물의 수나 성격이 훨씬 다양하고 사건의 전개방식도 더 복잡하며 이야기의 구성이나 인물의 심리묘사 등도 보다 치밀하고, 극 전체의 완성도, 분위기 및 기법 등에 상당한 차이가 있는 점, 드라마 『까레이스키』의 등장인물의 설정과 성격, 이야기의 구성, 사건의 전개방식 등에 있어 기본적인 줄거리는 A의 소설 출간 이전에 작성된 갑의 1차 시놉시스 및 방송대본과 크게 다른 점이 없다는 사실, '까레이스키'라는 드라마의 제목이나 A가 소설내용과 유사하다고 주장하는 부분들이 저작권 보호의 대상이 되지 않거나 A의 소설 출간 이전에 예정된 줄거리라는 점 등 전체적으로 볼 때 드라마 『까레이스키』는 A의 소설 『톈산산맥』과는 완연히 그 예술성과 창작성을 달리하는 별개의 작품이라고 할 수 있다는 것이었다. 따라서 두 작품이 실질적으로 동일하다거나 종속적인 관계에 있음을 인정하기 어려우므로 드라마 『까레이스키』가 소설 『톈산산맥』의 저작권을 침해했다고 인정되지 않는다는 것이 최종 결론이었다.

판례 분석

이 판례에서는 먼저 드라마가 소설의 저작권을 침해했다고 보기 위해서는 첫째 주관적 요건으로, 드라마 『까레이스키』가 소설 『톈산산맥』에 의거해서 작성되어야 하고, 둘째 객관적 요건으로, 드라마와 소설 사이에 실질적 유사성이 있어야 한다는 점을 전제하고 있다. 그리하여 만약 두 저작물 사이에 의거관계가 존재하지 않으면 실질적 유사성이 있더라도 이는 단순한 우연의 일치이거나 공통의 소재를 이용하는 데에서 오는 결과일 뿐이고, 반대로 두 저작물 사이에 의거관계가 인정되더라도 단순히 암시나 힌트를 받았을 뿐이고 두 작품 사이에 실질적 유사성(동일성)이 없으면 별개의 독립저작물로서 저작권 침해의 문제는 일어나지 않는다고 보았다. 특히 실질적 유사성과 관련하여 드라마가 소설과 실질적 유사성이 있다는 것은 드라마가 소설을 복제하여 두 저작물 사이에 동일성 혹은 종속성이 있다는 것을 의미하되, 이는 A의 소설 중 창작성이 있는 부분만을 비교대상으로 평가해야 한다고 판시하였다. 그러므로 객관적 사실이나 역사적 사실 등과 같이 비창작적인 부분은 B의 드라마가 A의 소설을 그대로 베낀 것이 아닌 한 실질적 유사성의 판단대상이 되지 않으며, 또한 창작성이 있는 부분이라도 저작물의 본질적 속성에 비추어 창작성이 너무 낮은 경우라면 저작권 침해를 인정할 수 없다고 하였다.

결국 이 판례는 저작권의 보호대상은 학문과 예술에 관해 사람의 정신적 노력에 의해 얻어진 사상 또는 감정을 말이나 문자, 음, 색 등으로 구체적으로 표현한 창작적인 표현형식이라는 점, 그리고 표현되어 있는 내용, 즉 아이디어나 이론 등의 사상 및 감정 그 자체는 설사 그것이 독창성, 신규성이 있다 하더라도 원칙적으로 저작권 보호대상이 되지 않는다는 점, 그러므로 저작권의 침해 여부를 가리기 위하여 두 저작물 사이에 실질적인 유사성이 있는가를 판단함에 있어서도 창작적인 표현형식에 해당하는 것만 가지고 대비하여야 한다는 점을 확인하고 있다. 그리하여 소설 등에 있어서 추상적인 인물의 유형 혹은 어떤 주제를 다루는 데 있어서 전형적으로 수반되는 사건이나 배경 등은 아이디어의 영역에 속하는 것들로서 저작권법에 의한 보호를 받을 수 없다는 점을 다시 한번 강조하고 있다.

판례(2) : '불타는 빙벽' 사건
- 서울남부지방법원 2005.3.18. 선고, 2004가단31955 판결

사건 개요

원고(原告)는 1958년 문단에 나온 소설가로 1977년 4월경 『불타는 빙벽』(수록된 11편의 중 · 단편 중 5번째 소설의 제목을 대표 제목으로 한 소설집)이라는 제호(이하 '이 사건 제호'라 한다)의 어문저작물(이하 '이 사건 저작물'이라 한다)을 출판한 사실, 피고(被告) A는 1985년 등단한 소설가로 『불타는 빙벽』이라는 이 사건 제호와 같은 제호의 소설을 창작하였고 이를 2003년 8월경 피

고 B(이하 '피고회사'라 한다)가 모두 3권으로 나누어 서적으로 제작, 배포한 사실이 있다.

원고는 이 사건 제호는 비록 '불타는'과 '빙벽'이라는 2개의 단어만으로 이루어져 있지만 이들은 결합 불가능하고 모순관계에 있는 조합으로 누구도 쉽게 생각하지 못하는 원고만의 독창성과 문학적 개성이 집약된 것이고, 작품내용 전체를 집약적으로 나타내는 독창성 있는 창작물로서의 '저작물'임에도 피고들이 이를 원고의 허락 없이 사용함으로써 원고의 저작재산권 중 복제권을, 저작인격권 중 성명표시권과 동일성유지권을 각각 침해하였다고 주장하며 손해배상 및 위자료의 지급을 청구하였다. 하지만 법원에서는 제호를 저작권법상 '저작물'이라고 볼 수 없다는 점을 들어 원고의 청구를 기각하였다.

판결 이유

우선 저작물의 제목, 즉 제호(title)가 작품내용과는 별개의 독자적인 저작물 또는 그 중요한 일부로서 보호받을 수 있는지 여부를 살펴보면, 저작권법에 의하여 보호되는 저작물이란 인간의 사상 또는 감정을 표현한 창작물을 가리키는바, 어문저작물인 서적 중 제호 자체는 저작물의 표지(標識)에 불과하고 독립된 사상이나 감정의 창작적 표현이라고 보기 어려워 저작물로서 보호받을 수 없으므로(대법원 1996. 8. 23. 선고 96다273 판결, 대법원 1977. 7. 12. 선고 77다90 판결, 서울고등법원 1991. 9. 5. 선고 91라79 판결 참조), 이 사건 제호 역시 저작물로 보호받을 수 없다고 보았다. 또한 설사 현대사회에서 제호가 갖는 사회적·경제적 중요성 등을 고려하여 제호의 저작물성을 일률적으로 부인하지 않고 제호 중 창작적 사상 또는 감정을 충분히 표현한 것을 선별하여 독립된 저작물로 보호하는 입장에 선다고 하더라도, 완성된 문장의 형태가 아닌 불과 두 개의 단어로만 구성되어 있는 이 사건 제호가 독자적으로 특정의 사상이나 감정 혹은 기타의 정보를 충분히 표현한 것으로 보기 어렵다고 판시하였다.

그러므로 이 사건 제호가 저작물로 볼 수 없고, 같은 제호를 사용하여 어문저작물을 출판하는 경우가 현실적으로 적지 않은 점 등을 고려한다면 피고들이 원고의 의사에 반하여 이 사건 제호를 이 사건 서적에 사용한 행위에 인격권 침해 등 민법상 불법행위를 구성할 정도의 위법성이 없다는 것이 최종 결론이었다.

판례 분석

제호란 저작물의 제목을 일컫는 말이다. 이러한 제호는 저작물의 내용을 집약하여 짧은 문구로 표현한 것이므로, 이를 무단으로 변경한다면 저작자에게는 사실상의 인격적 침해가 될 수 있다. 나아가 주제나 내용과는 상관없이 저작물의 상업적 이용만을 위하여 제호를 무단으로 바꾸게 될 경우에는 더욱 심각한 문제가 생길 수도 있다. 그런데 원래 제호 자체는 저작권법에서 보호하는 저작물이 아니므로 저작물을 작성하는 사람이 다른 저작자의 제호를 무단으로 사용하더라도 저작권 침해가 성립되지 않는다. 제호를 독립적인 저작물로 인정하지 않는 이유는 저작권법 제정의 취지에서 찾아볼 수 있다. 즉, 저작권을 보호하는 궁극적인 목적은 문화의 향상 발전인데, 만약에 모든 제호를 저작물로 인정할 경우에, 예를 들어, 어떤 사람이 '사랑'이란 제목으로 글을 썼다면 이후에는 그 누구도 '사랑'이란 제목으로는 저작행위를 할 수 없을 것이므로 엄

청난 혼란이 일어남으로써 문화의 향상 발전보다는 일부에 의한 독점현상으로 폐해가 생길 수 있기 때문이다.

물론 일부 국가에서는 매우 독창적인 제호에 대해서는 독립적인 저작물로 인정하여 보호하기도 한다. 하지만 우리나라에서는 저작물의 제호에 한해서는 저작물성을 인정하지 않고 있다.[10] 다만, 그것이 저작물의 내용과 어울릴 경우에는 저작인격권으로서의 동일성유지권의 대상이 된다는 점에 주의해야 한다.

4. 소결

이상에서 우리는 표절이란 무엇이며, 저작권 침해란 또 무엇인지 살펴보았다.

그 결과 '표절'이란 '다른 사람이 쓴 문학작품이나 학술논문, 또는 기타 각종 글의 일부 또는 전부를 직접 베끼거나 아니면 관념을 모방하면서, 마치 자신의 독창적인 산물인 것처럼 공표하는 행위'를 가리킨다는 사실을 알 수 있었다. 나아가 표절은 흔히 저작권 침해와 혼동되는 경우가 많지만, 양자는 맥락과 지향이 서로 다르다는 점도 확인할 수 있었다. 표절은 주로 학술이나 예술의 영역에서 활동하는 사람이 갖춰야 할 기본적인 윤리와 관련되는 반면에 저작권 침해는 다른 사람의 재산권을 침해한 법률적 문제이기 때문이다.

---

[10] 제호 자체가 저작권법에서 보호하는 저작물이 될 수 없다고 하여 보호할 수 있는 방법이 없는 것은 아니다. 즉, 저작물이 복제된 출판물을 예로 든다면 출판물도 하나의 상품이기 때문에 매우 독창적인 제호라면 산업재산권에서의 상표로서, 또는 부정경쟁방지법에 의한 상표로서 보호받을 수 있다. 김기태(2007), 『신저작권법의 해석과 적용』(서울 : 세계사), p.77.

반면에 저작재산권의 침해가 성립하기 위해서는 창작적인 표현을 복제해야 하며, 어떤 기존의 저작물에 의거하여 실질적으로 유사하게 작성되어야 하고, 불법적인 복제여야 함을 알 수 있었다. 또한 '실질적 유사성'이란, 작품 속의 근본적인 본질 또는 구조를 복제함으로써 두 저작물 사이에 비록 구체적 표현으로 대칭되는 유사성은 없다 하더라도 전체로서의 포괄적인 유사성이 있는 경우와 작품 속의 특정한 표현이나 세부적인 표현이 복제된 경우를 뜻하고, 이때 아이디어, 즉 단순한 사상이나 주제가 같다고 해서 그 실질적 유사성을 인정할 수는 없다는 뜻을 담고 있다는 점도 알 수 있었다.

좀더 구체적으로 살펴보면, 표절은 다른 사람의 저작으로부터 전거(典據)를 충분히 밝히지 않고 내용을 인용(引用)하거나 차용(借用)하는 행위이다. 반면에 저작권 침해는 다른 사람의 저술로부터 상당한 부분을 저자의 동의 또는 이용허락 없이 임의로 자신의 저술에서 사용한 행위를 가리킨다. 그러므로 지식의 확산을 위해 공정하게 사용될 수 있는 정도를 넘는 경우라면 설사 전거를 밝혔더라도 저자의 동의가 없었다면 저작권 침해가 발생할 수 있다. 물론 표절도 출전을 밝히기만 하는 것으로 전부 방지되는 일은 아니다. 곧 자기 이름으로 내는 보고서나 논문에서 핵심내용이나 분량의 대부분이 남의 글에서 따온 것이라면 출전을 밝히더라도 저작권 침해 내지 표절이 될 수 있다는 점을 명심해야 한다. 남의 글이나 생각을 베끼거나 짜깁기해서 마치 자신의 업적인 것처럼 공표한 셈이 되기 때문이다.

저작권 보호가 엄격하게 유지되는 사회일수록 표절에 대한 사회적 규제도 엄격하며, 저작권 보호가 느슨한 사회에서 표절에 대한

규제도 느슨하다는 점을 감안한다면 저작권 침해와 표절은 어쩌면 불가분의 관계에 있는지도 모르겠다.[20]

　　결국 연구자 등 글을 쓰는 사람이라면 실질적 유사성이 저작물의 종류 또는 그에 포함된 아이디어의 종류에 따라 달라질 수밖에 없다는 점에서 표절 또는 무단복제를 최종적으로 판단하기 위해서는 사례별로 인용 정도와 범위, 표현 방법, 그리고 전문 분야에 따라 달리 그 기준을 적용해야 한다는 점을 알 수 있었다. 곧 문학작품 등 특정 저작물의 저작물성 및 창작성, 나아가 저작권 침해 여부 등을 판단하는 기준에 대해서는 구체적인 저작물을 통해 개별적으로 살피는 것이 가장 합리적이라고 할 수 있을 것이다. 따라서 디지털 시대의 기술적 장점을 최대한 활용하여 장르별 저작물·저작(권)자 네트워크 및 데이터베이스 구축을 통해 저작물의 이용허락을 원활하게 하는 한편, 유사성 여부를 즉시 판단할 수 있는 종합 시스템을 마련하는 것이 시급한 과제라고 하겠다.

---

[20] 표절이란 흔히 느슨한 의미에서 도둑질 또는 절도라고 지칭되지만, 사법적인 의미에서 형사 문제로 다루는 관행은 확립되어 있지 않다. 보통법의 관점에서도 표절이 형사상 범죄로 간주되지는 않는다. 표절의 문제는 민사사건과 관련된다. 표절에 해당하는 행위는 때때로 저작권 침해, 불공정 경쟁, 도덕적 권리의 침해 등과 같은 명목 아래 법정에서 사건이 될 수 있다. 정보기술의 발전으로 말미암아 지식재산의 활용도가 높아지면서 저작권 침해도 형사범죄로 다루어야 하는 것이 아니냐는 논쟁이 일어나는 추세이다. 『위키백과사전』 참조.

chapter 3

분야별 글쓰기 사례 분석

　인문학, 사회과학, 자연과학 등 학문 분야별로 글쓰기는 그 내용이나 표현방법에 있어 차이가 있을 수도 있지만, 표절이나 저작권 침해의 논란이 불거지는 경우 그 양태는 매우 비슷하다. 사실 오랜 옛날부터 우리에게는 "책 도둑은 도둑도 아니다"는 속설이 용인되는 분위기 속에서 '글 도둑' 또한 그다지 나쁜 것으로 인식되지 않는 경향이 있었다. 설사 '글 도둑질'을 당했다 하더라도 드러내놓고 이를 비난하거나 적극적으로 이의제기를 하는 것 자체가 체면을 구기는 것으로 여기는 사람들이 많았다. 그렇다 보니 공공연하게 표절 문제가 사람들의 이목을 사로잡기는 어려웠던 것이 우리 전통사회의 풍경이었다. 하지만 이제 세상은 달라졌다. 연구자뿐만 아니라 공직자의 세계에서도 이제는 표절이 매우 파렴치한 행위로 인식되고 있으며, 경우에 따라서는 표절 혐의자의 출세가도에 커다란 장애가 생길 수도 있는 세상으로 바뀌고 있는 중이다. 도덕적으로 그리고 윤리적으로 비난받아 마땅한 행위로 인식되고 있는 '표절'과 '저작권 침해'가 분야별로 어떻게 문제가 될 수 있는지 살펴보기로 하자.

고전적 개념으로서의 형식주의

형식주의(形式主義 ; formalism)는 흔히 '내용보다는 형식에 과도하게 집착하는 것'을 가리키는 용어로 인식된다. 특히 원래 형식에 부여한 가치에 대해서는 따지지 않으면서 그것의 외적 형태에 불과한 제의(祭儀)나 의식(儀式)에만 의존하는 현상을 나타낸다. 이러한 형식주의에 대한 단적인 예로써, 왕권이 나타내는 가치에 대한 경외심을 무시한 채 이에 대한 의식이나 제식에만 지나치게 치중하는 것, 또는 국기(國旗)가 나타내는 가치에 대한 존경심을 무시한 채 국기에 경의를 표하는 의식에만 과도한 관심을 기울이는 것 등을 들 수 있다.

이처럼 오늘날 중의적으로 쓰이는 말인 '형식주의'란 원래 이 세상의 모든 지식은 객관적으로 존재하고, 이미 구조화되어 형상화할 수 있으며, 보편적·초역사적·범우주적 성격의 것이라고 보는 외재적인 객관적 인식론(認識論)을 바탕으로 성립된 개념이다. 이러한 형식주의적 관점에 따르면 '학습'이란 곧 객관적 실체의 구조를 파악하는 것이다. 그렇다 보니 교육의 목적 또한 학습자로 하여금 실체와 그 실체가 지닌 속성, 그리고 실체들 사이의 관계를 파악하도록 도와서 궁극적으로 세계의 객관적 법칙을 밝혀내도록 하는 데 있다. 그 동안 우리 학교교육이 객관적인 지식을 학생들에게 단순히 전달하고 주입하는 것으로 인식되어 왔던 것도 이러한 형식주의적 관점이 반영되었기 때문이다.

한편, 이러한 형식주의에 입각한 교육관은 다양한 인접학문들과 연관된다. 구조주의 언어학은 물리적인 언어자료의 객관적인 분석을 통해 개별언어의 규칙체계와 구조특성을 규명하고자 한 점에서, 행동주의 심리학은 경험과 시행착오에 따른 반복학습, 모방을 통한 교육을 강조한다는 점에서 각각 형식주의와 깊은 관계가 있다. 그 밖에 1930~1940년대에 미국에서 일어났던 형식주의 비평 (신비평)은 문학작품이 언어로 된 예술임을 강조하면서 작품의 자체의 구조 파악과 언어 분석에 주안점을 두었다는 점에서 형식주의 글쓰기 이론에 많은 영향을 미쳤다. 이는 문학을 언어적 형식 또는 언어적 구조로 보고 작품 그 자체에 내재한 문학의 존재성, 독자적 자율성 등을 객관적으로 밝히려는 비평 방법으로서, 모든 문학 작품은 그 자체에 있어서 완전하므로 비평가는 작품 외적인 지식이나 가치에 의존하지 말고 작품 자체에 접근해야 한다는 입장에 서 있다. 그래서 작품을 구성하고 있는 언어의 상호관계, 문장 패턴, 유사한 낱말과 어구, 주부(主部)와 술부(述部)의 호응 관계, 말투, 말들의 선택, 문맥의 연결 관계 등과 같은 '내적 관련성', 즉 어떤 형식, 어떤 원리가 있는가를 고찰하는 데 관심을 기울이고 있다.

1940년대부터 1960년대 중반까지의 글쓰기 이론은 글을 구성하는 객관적인 요소들, 즉 문법이나 어법상의 정확성, 작문 절차와 장르 규범, 글쓰기 규칙 등을 강조하고 있다는 점에서 형식주의적 관점에 기반을 두고 있었다. 글이란 객관적인 요소들로 구성된 고정 체제를 지니고 있으므로 그 의미의 파악은 구성요소와 구성요소 사이의 관계를 분석함으로써 가능하다고 보았던 것이다. 이런 관점은 글쓰기란 곧 '문자라는 형태를 빌려 내용을 전달하는 행위'로 여겨 단순히 지식을 전달하기 위한 하나의 방편으로 간주한다. 따라서 전달하고자 한 것을 얼마나 객관적이고 정확하게 전달했느냐에 초점을 두어 필자의 주관적 개입이나 상황을 통한 추론은 배제하는 것이 바람직하다는 입장을 취한다. 결국 형식주의적 글쓰기 이론에 따르면 글의 의미는 글 자체의 해독을 통해서만 얻어질 수 있는 것이어서 필자는 단순한 의미의 전달자이며, 독자는 수동적인 수신자가 될 수밖에 없다.

결국 필자는 스스로 쓴 글에 만족하게 되고, 독자가 어떻게 수용할 것인지에 대해서는 관심을 갖지 않는다. 따라서 학습자가 자기 점검을 해 볼 수 있는 기회가 거의 없으며, 교수·학습은 '과제 제시—오류 점검'의 형태로 이루어진다. 교사는 어법, 문체, 내용 조직 방법, 맞춤법, 장르 규범 등의 객관적인 요소의 지도를 중요시하고 이러한 요소를 시범, 반복적인 연습, 모범적인 글의 모방 등을 통하여 모든 학생이 같은 방법으로 습득하도록 하는 데 치중하게 된다. 그 결과 평가도 결과물에 대한 오류 점검이나 단편적인 지식을 전달하는 것으로 대신하게 된다. 따라서 형식주의적 글쓰기 지도방법은 쓰기 과정 자체를 분석하여 역동적으로 무엇을 어떻게 쓸 것인지를 가르칠 수 없고, 쓰기가 문제 해결이나 사회적 상호작용이라는 점을 고려하지 못하였다는 비판에 직면하게 된다.

형식주의적 논문쓰기의 문제점

위에서 살펴본 형식주의적 글쓰기는 초등학교, 중학교, 고등학교 그리고 대학 및 대학원 교육과정에까지 고스란히 영향을 미침으로써 학계로 진출한 연구자들의 논문쓰기에도 그대로 반영되고 있다. 그리하여 연구자 자신의 생각과 그 생각에 영향을 미친 다른 연구자의 연구 성과 내지 아이디어를 구별하지 않은 채 논문쓰기를 하게 함으로써 표절의 위험성이 매우 높아질 수밖에 없는 상황을 초래하고 있다.

예를 들어, 언론 유관학회 공동의 논문작성규정만 보더라도 나름대로 많은 연구자들이 고민한 결과로 채택되었지만, 학술지 게재를 위한 심사과정에서 논문으로서의 형식을 점검하는 수단으로만 인식될 뿐, 그것이 논문으로서의 글쓰기에 미치는 절대적인 영향에 대해서는 이의를 제기하는 연구자가 없었던 것으로 보인다. 따라서 오늘날 우리 언론학계에서 보편적으로 활용되고 있는 논문작성규정의 문제점은 무엇이며, 그 결과 나타나고 있는 글쓰기의 문제점은 무엇인지, 나아가 표절 문제로까지 비화될 수 있는 부실한 '인용'의 문제점과 함께 그것이 버젓이 구현된 논문발표의 실태를 분석하는 일은 시급한 과제가 아닐 수 없다.

우선 한국언론학회·한국방송학회 등에서 공동으로 채택하고 있는 논문작성규정 중 '인용'에 관한 부분을 살펴보면 다음과 같다.

① 인용이나 참고한 문헌의 출처는 본문의 괄호 속에 저자의 이름과 출판연도, 쪽 번호만 밝힌다. 인용 또는 참고한 문헌이 되풀이될 때에도 같은 방식으로 한다.

　예) 홍길동(1996)은 정치는 문화라고 주장했다.

　　 윌리암스(Williams, 1990)는 문화는 정치라고 주장했다.

　　 홍길동은 "정치는 문화"라고 주장했다(1996, 25~26쪽).

　　 윌리암스와 몰리는 "문화는 정치"라고 주장했다

　　 (Williams & Morley, 1990, pp.7~8.).

② 번역서를 인용할 때에는 원전이 발간된 연도와 번역판 연도를 같이 표기한다. 인용 쪽수는 번역본을 기준으로 한다.

　예) 윌리암스는 "문화는 정치"라고 주장했다

　　 (Williams, 1990/1996, 25쪽).

밀턴(Milton, 1875/1998)은 언론자유를 주장했다.

③ 두 명 이상의 저자를 인용할 경우, 가나다 또는 알파벳순으로 제시한다. 저자가 같고 연도가 다른 문헌을 함께 언급할 때에는 연도만 나열한다.

예) (이몽룡, 1999 ; 홍길동, 1990)

(Pan & Kosicki, 1993 ; Schefele, 1999)

(Gogel, 1984, 1990 ; James, 1996a, 1996b)

④ 저자가 3~5명인 글은 처음 인용할 때는 이름을 모두 밝히고, 그 다음에 나올 때에는 첫째 저자 다음에 ○○○ 외, ○○○, et al.로 표기한다. 저자가 6인 이상일 때는 모두 ○○○ 외, ○○○, et al.로 표기한다.

⑤ 논문 저자의 저술을 인용할 때에는 '졸고'라고 하지 않고 이름을 밝힌다.

위의 인용 방법에서 가장 큰 문제점은 이른바 '인용부호를 사용하여 원문의 표현을 그대로 옮기는 인용법'으로서의 '직접인용'과 '원문의 표현을 문맥에 맞게 자신의 개성적인 표현으로 바꾼 인용법'으로서의 '간접인용', 그리고 '원문의 표현을 그대로 모방한 것이 아닌 자신의 문장으로 새롭게 쓴 것'으로서의 '풀어쓰기'를 구체적으로 구별하지 않고 있다는 점이다.

이러한 문제점을 해결하려면 다음과 같은 방법을 사용할 수 있다.

① 직접 인용의 예 :

한승헌은 저작물의 요건에 대하여 '문학·학술 또는 예술의 범위에 너무 엄격하게 구애될 필요는 없고 특허법의 보호를 받는 발명 및 실용신안법의 대상인 고안 등 기술의 범위에 속하는 것을 제외한다는 정도로 해석함이 옳을 것'이라고 한다.

예) 출처 : 한승헌(1992), 『정보화시대의 저작권』(서울 : 나남), pp. 47~48.

② 간접인용의 예 :

한승헌은 저작물의 요건에 대하여 그 범위에 엄격하게 구애될 필요 없이 특허법이나 실용신안법 등으로 보호되는 기술의 범위에 속하지 않는 것이면 되는 정도로 해석한다.

예) 좀더 자세한 사항은 한승헌(1992), 『정보화시대의 저작권』(서울 : 나남), pp. 47~48 참조.

③ 풀어쓰기의 예 :

저작권 분야의 학계 전문가들은 작품의 수준이나 윤리성에 관계없이 표현의 독창성, 즉 저작자의 개성이 어떤 형태로든지 표현되어 있다면 저작권 보호의 대상이 되는 저작물에 해당하는 것으로 해석하고 있다.

⇒ 출처 표시 필요 없음.

나아가 요즈음 날로 그 인용 빈도가 높아지고 있는 '인터넷 자료'에 대한 정확한 인용법 또한 제시되어 있지 않다는 점도 지적할 수 있다.

그러나 이처럼 학교 또는 학회에 따라, 그리고 연구 분야의 특성에 따라 다양한 인용 방식[1]이 있는 이유는 모든 인용의 기본 목적

---

[1] 다양한 분야에서 사용하는 시카고대학원(Chicago) 양식, 인문학 분야에서 주로 사용하는 현대언어학회(MLA) 방식, 심리학 등의 분야에서 사용하는 미국심리학회(APA) 양식 등이 대표적이다.

이 "자신이 사용한 연구자료를 자세하게 밝혀 자료의 신뢰성을 높인다", "독자들이 직접 해당 자료를 찾아서 확인할 수 있도록 구체적인 정보를 제공한다"[2]는 점에 있기 때문이다.

물론 모든 학계를 통틀어 통용되는 주지의 사실 중 하나가 바로 "객관적인 학문적 결과란 없다"는 것이다. 이 말은 그만큼 인문·사회과학뿐만 아니라 자연과학 분야의 연구자들에게도 주관의 개입이 불가피하다는 뜻을 담고 있다. 이런 학계의 현실에 대하여 '지식의 불확실성'을 주장하는 어느 학자는 다음과 같이 말한다.

> 어떤 새로운 과학적 주장이 유효하거나 심지어 타당한지 우리는 어떻게 아는가? 지식의 복잡한 전문화가 끝없이 심화되는 현실에서, 각각의 특정한 과학적 진술에 대해 극소수를 제외한 거의 모든 사람들은 제출된 증거의 질이나 자료 분석에 적용된 이론적 논거의 엄밀성을 개인적으로 합당하게 판단할 수 있는 능력이 없다.[3]

그러면서 "그것이 사리에 맞는다고 생각하는 근거는 무엇이겠는가?"라고 물으며 이내 스스로 "우리는 저명한 권위에 의해 축적된 증거들을 기준으로 삼는 경향이 있다"고 대답한다. 이어 "우리는 인용된 학자나 저널의 증언에 대한 신뢰도를 어디에서 얻는가?"라는 질문과 함께 "그것은 기록된 형태로는 좀처럼 존재하지 않는다. 그래서 우리는 사실상 그보다 높은 등급의 신뢰도에서 그런 신뢰도의 기준을 구한다. 만약 우리가 아는 '진지한' 사람이

---

[2] Charles Lipson, 김형주·이정아 옮김(2008), 『정직한 글쓰기』(서울 : 멘토르), p.91.
[3] 이매뉴얼 월러스틴, 유희석 옮김(2007), 『지식의 불확실성』(파주 : 창비), pp.14~15.

『네이처』가 일류이고 믿을 만한 저널이라고 말하면, 사람들은 대개 그렇다고 믿는다. 얼마나 많은 암묵적인 신뢰의 등급들이 서로서로에 기초를 두고 형성되는지 쉽게 알 수 있다"고 말한다.[4] 하물며 내용으로서의 질적 수준을 고려하지 않은 채 형식에만 얽매이거나, 그러한 형식마저도 제대로 갖추지 못한 채 횡설수설하는 글쓰기의 결과로 탄생한 연구성과라면 그것을 어떻게 인정할 수 있을 것인가? 연구논문에 있어서 정확한 글쓰기와 더불어 '인용'한 자료의 정확한 출처 명시가 필요한 이유를 바로 여기에서 찾을 수 있다.

2. 글쓰기 사례 분석

여러 장르 중에서도 특히 우리 문학의 저변과 외연이 넓어지고 있다. 정보의 디지털화가 급속도로 진행되면서 문학의 생산과 유통 그리고 이용에 있어서도 획기적인 변화의 물결이 일고 있는 것이다. 우선 문학을 생산하는 주역이라고 할 수 있는 저작자(author)의 개념이 과거와 크게 달라졌다. '작가' 혹은 '시인'으로 불리던 문학가의 범주가 이른바 '스토리텔링(storytelling) 전문가' 및 '인터넷 작가'로까지 확대되면서 바야흐로 문학의 2차저작물화[5] 및 연성화(軟性化)가 진행되고 있기 때문이다. 문학의 생산방식 또한 기존의 문예지 및 단행본 형식을 벗어나 인터넷의 무한공간을 바탕으로 다양한 디지털 매체와 결합하고 있는 중이다. 문학의 이용

---

[4] 이매뉴얼 월러스틴, 앞의 책, p.15.
[5] 현행 저작권법에서는 원저작물을 바탕으로 번역, 각색, 편곡, 변형, 영상제작 등의 방식으로 새롭게 만든 결과물을 가리켜 '2차적저작물'이라고 한다.

영역에 있어서도 과거 순수문학에 대한 열정으로 습작에 열중하던 문학도 중심에서 벗어나 이른바 판타지 계열의 장르문학을 선호하는 10대 이용자들이 생산 및 유통 영역에까지 큰 영향을 미치는 절대 세력으로 부상하고 있다.

그런데 어느 문학평론가의 다음과 같은 글을 보면 오늘날 우리 문단과 학계에 난무하고 있는 무책임한 글쓰기 행태를 짐작하게 해준다.

> 나는 최근 한 스무 편 되는, 임자가 다른 평론들을 검토할 기회가 있었는데, 대부분의 글들이 프랑스의 한 정신분석학자를 원용하고 있어서 매우 놀랐다. 나의 놀람에는 이중적인 까닭이 있었는데 하나는 세계에 널려 있는 수많은 이론들을 마다하고 오로지 한 먹잇감에만 집중하는 이 거대한 편식증이라는 것이고, 다른 하나는 그 사람의 글이 번역되지 않은 채 해설서들이 난무하는 상황이니, 짐작건대 '그가 말했다고 한다'고 써야 할 것 같은 대목에서 한결같이 '그는 말했다'고 쓰고 있었다는 것이다.[6]

이처럼 보다 전문적이며 고도의 세련미를 갖추었던 문학의 본질이 세분화 및 대중화의 방식으로 변모하면서 여러 가지 문제점을 드러내고 있으며, 그 중 대표적인 것이 저작권 침해를 둘러싼 논란이다. 그리고 이러한 논란에 있어 문학작품의 저작물성,[7] 즉 그것을 보호하기 위한 최소한의 기준은 무엇이며, 저작권 침해를 판단하는 기준은 무엇인가 하는 점을 고려하지 않을 수 없게 되었다.

---

[6] 정과리(2008), 『네안데르탈인의 귀환』(서울 : 문학과지성사), p.10.
[7] 여기서는 '문학성'이라는 말과 구별되는 개념으로 쓰였으며, 이하 같다.

문학작품에 있어 그것의 내용과 달리 제호의 경우에는 현행 저작권법상 저작물로 인정받을 수 없다는 것이 통설이다. 하지만 필자의 견해로는 일률적으로 모든 저작물의 제호에 대해 저작물성을 인정하지 않는 것은 부당하며, 제호 중에도 사상이나 감정을 창작적으로 충분히 표현한 것이라면 저작물로 인정할 수 있다고 본다. 예를 들어, 단문으로 구성된 시(詩)가 엄연한 어문저작물로 인정되고 있다는 현실을 상기할 필요가 있다. 우선 다음과 같은 제호를 살펴보자.

〈1〉당신이라는 말 참 좋지요[8]
〈2〉눈물은 왜 짠가[9]
〈3〉사랑하다가 죽어버려라[10]

위의 예시 중 시인 '안도현'이 여러 시인의 작품을 골라 엮은 책의 제목 '당신이라는 말 참 좋지요'는 '허수경'의 시 '혼자 가는 먼 집'[11] 중에 나오는 구절이다. "당신……, 당신이라는 말 참 좋지요, 그래서 불러봅니다 킥킥거리며 한때 적요로움의 울음이 있었던 때, 한 슬픔이 문을 닫으면 또 한 슬픔이 문을 여는 것을 이만큼 살아옴의 상처에 기대, 나 킥킥……, 당신을 부릅니다(이하 생략)"에 등장하는 것이다.

또, 시인 '함민복'의 산문집 제목으로 쓰인 '눈물은 왜 짠가' 역

[8] 안도현 엮음(2008), 『당신이라는 말 참 좋지요』(서울 : 창비).
[9] 함민복(2003), 『눈물은 왜 짠가』(서울 : 이레).
[10] 정호승(1997), 『사랑하다가 죽어버려라』(서울 : 창작과비평사).
[11] 허수경(1992), 『혼자 가는 먼집』(서울 : 문학과지성사).

시 그의 시에 나오는 구절인 동시에 시의 제목[12]이기도 하다. "지난 여름이었습니다 가세가 기울어 갈 곳이 없어진 어머니를 고향 이모님 댁에 모셔다드릴 때의 일입니다"로 시작해서 "일순, 나는 참고 있던 눈물을 찔끔 흘리고 말았습니다 나는 얼른 이마에 흐른 땀을 훔쳐내려 눈물을 땀인 양 만들어놓고 나서, 아주 천천히 물수건으로 눈동자에서 난 땀을 씻어냈습니다 그러면서 속으로 중얼거렸습니다 눈물은 왜 짠가"로 마무리되는 시의 마지막 구절인 것이다.

또, 시인 '정호승'의 시집 제목으로 사용된 '사랑하다가 죽어버려라'는 그 시집 중에 포함된 시 '그리운 부석사'의 한 구절이다. "사랑하다가 죽어버려라 / 오죽하면 비로자나불이 손가락에 매달려 앉아 있겠느냐 / 기다리다가 죽어버려라 / 오죽하면 아미타불이 모가지를 베어서 베개로 삼겠느냐 (이하 생략)"라고 읊었던 바로 그 시의 한 구절인 것이다.

이처럼 시의 한 구절을 그대로 책 제목으로 사용한 경우에는 그 문학적 우수성과 더불어 창작성에 기반한 저작물성을 인정하는 것이 바람직하다고 생각한다. 나아가 현대사회에서 제호가 갖는 사회적 · 경제적 중요성을 고려해서 제호 자체만을 놓고 보더라도 사상이나 감정을 창작적으로 충분히 잘 표현한 것이라면 저작물성을 인정할 수 있다고 보는 것이다. 나아가 형식을 갖춘 문학작품의 내용을 구성하는 부분이라면 더 말할 나위 없이 그 저작물성을 인정하는 것은 당연한 추세라고 하겠다.

하지만 앞서 판례를 통해 살핀 것처럼 '저작권의 침해 여부를 가리기 위하여 두 저작물 사이에 실질적인 유사성이 있는가의 여

---

[12] 함민복(1996), 『모든 경계에는 꽃이 핀다』(서울 : 창작과비평사).

부를 판단함에 있어서 창작적인 표현형식에 해당하는 것만을 가지고 대비하여야 할 것'이라는 측면에서 본다면 그것의 창작성이 저열하거나 누구든지 생각할 수 있을 정도의 일반적인 표현에 불과한 경우 저작물성을 인정하지 못하는 동시에 설사 그 표현을 제3자가 이용허락 없이 혹은 출처의 명시 없이 베꼈다 하더라도 저작권 침해를 주장할 수 없다는 점 또한 분명한 사실이다. 다음의 예를 살펴보자.

〈4〉
지금 알고 있는 걸 그때도 알았더라면
내 가슴이 말하는 것에 더 자주 귀 기울였으리라.
더 즐겁게 살고, 덜 고민했으리라.
금방 학교를 졸업하고 머지않아 직업을 가져야 한다는 걸 깨달았으리라.
아니, 그런 것들은 잊어 버렸으리라.
다른 사람들이 나에 대해 말하는 것에는
신경쓰지 않았으리라.
그 대신 내가 가진 생명력과 단단한 피부를 더 가치 있게 여겼으리라.
　　- 킴벌리 커버거, 「지금 알고 있는 걸 그때도 알았더라면」 중 1연[18]

〈5〉
여름방학도 끝나고 개학이 다가온다. 막판이라고 친구라는 것

[18] 류시화 엮음(1998), 『지금 알고 있는 걸 그때도 알았더라면』(서울 : 열림원), p.10.

들은 경포대다, 해운대다, 정동진이다, 저 멀리 훌쩍 떠나 남자들을 하나씩 끼고서 낄낄대고 있는데, 나는 꽃다운 나이 18세에 방구석에 처박혀 인터넷이나 하고 있으니. -_-^ 그나마 사이트란 사이트는 모조리 다 헤집고 다니는 바람에 이젠 할 것도 없다. ㅜㅜ 우오옹. ㅜㅜ

– 귀여니, 『그 놈은 멋있었다 1』 중에서[14]

〈6〉

그리워하는데도 한 번 만나고는 못 만나게 되기도 하고, 일생을 못 잊으면서도 아니 만나고 살기도 한다. 아사코와 나는 세 번 만났다. 세 번째는 아니 만났어야 좋았을 것이다.

오는 주말에는 춘천에 갔다 오려 한다. 소양강 가을경치가 아름다울 것이다.

– 피천득, 「인연」 중에서[15]

〈7〉

강원 동해안에서 '식인상어' 종류인 백상아리(일명 백상어)가 잇따라 잡혀 어민들의 주의가 요구되고 있다. 동해해양경찰서에 따르면 4일 오전 10시20분께 동해시 묵호동 대진 앞바다에서 길이 4.7m, 무게 1.5t가량 되는 백상아리 1마리가 묵호선적 어선 홍일호(선장 김모 씨. 54)가 쳐 놓은 그물에 걸려 잡혔다. 앞서 지난달 28일에도 동해에서는 길이 3.5m, 무게 1t 되는 백상아리

---

[14] 귀여니(2003), 『그 놈은 멋있었다 1』(서울 : 도서출판 황매), p.9.
[15] 피천득(1976), 『수필』(서울 : 범우사), pp.36~37.

가 잡혀 52만 원에 판매됐다.

영화 '조스'로 잘 알려진 백상아리가 강원 동해안에서 잡힌 것은 매우 이례적인 것으로, 지난 2005년 12월 강원 고성 앞바다에서 1마리가 잡힌 적이 있다. 이번에 잡힌 상어는 상어 가운데 가장 난폭한 대표적 '식인상어'로 주로 온대와 열대 해역에 널리 분포하며 한국의 서해안에서는 5~6월에 종종 출몰해 키조개를 잡는 잠수부 등을 공격하기도 한다. 동해해양경찰서는 공격성이 매우 강한 백상아리가 난류대의 확장으로 강원 동해안에서 출몰한 것으로 보고 어민들에게 주의를 당부했다.

– 유형재 기자, 「동해서 '식인상어' 백상아리 잇따라 포획」, 《연합뉴스》(2009. 03. 04) 전문

위의 예문을 장르별로 나누어 보면 〈4〉는 '시', 〈5〉는 '소설', 〈6〉은 '수필', 〈7〉은 '기사문'이다. 하지만 각각의 창작성을 따져본다면 〈5〉와 〈7〉의 경우에는 그것을 인정하기가 어려울 것으로 판단된다. 특별히 창작성을 엿볼 수 있는 것이 아닌 단어의 단순 조합이거나 객관적인 사실에 대한 보고서 형식에 불과하기 때문이다.

2006년 대법원에서 판시한 바와 같이 창작물이란 저자 자신의 작품으로서 남의 것을 베낀 것이 아니라는 것과 최소한도의 창작성이 있다는 것을 의미한다. 따라서 작품의 수준이 높아야 할 필요는 없지만 저작권법에 의한 보호를 받을 가치가 있는 정도의 최소한의 창작성은 요구되므로, 단편적인 어구나 계약서의 양식 등과 같이 누가 하더라도 같거나 비슷할 수밖에 없는 성질의 것은 최소한도의 창작성을 인정받기가 쉽지 않다고 할 것이다.

앞에서 예시했던 글들을 다시 한 번 구체적으로 살펴보기로 하자. 과연 어떤 글이 '표절'에 해당하고 또 어떤 글이 '저작권 침해'에 해당하는 걸까?

〈1〉

나는 오늘 플라타너스 낙엽이 쓸쓸하게 뒹구는 덕수궁 돌담길을 거닐며 문득 시상이 떠올라 '가을엽서'라는 제목의 시 한 편을 만들어보았다. "한 잎 두 잎 나뭇잎이 / 낮은 곳으로 / 자꾸 내려 앉습니다 / 세상에 나누어줄 것이 많다는 듯이 // 나도 그대에게 무엇을 좀 나눠주고 싶습니다 // 내가 가진 게 너무 없다 할지라도 / 그대여 / 가을 저녁 한 때 / 낙엽이 지거든 물어보십시오 // 사랑은 왜 낮은 곳에 / 있는지를" 쓸쓸한 가을은 그렇게 깊어가고 있었다.

〈2〉

나는 오늘 플라타너스 낙엽이 쓸쓸하게 뒹구는 덕수궁 돌담길을 거닐며 문득 시상이 떠올라 시 한 편을 만들어 보았다. "한 잔의 술을 마시고 우리는 버지니아 울프의 생애와 목마를 타고 떠난 숙녀의 옷자락을 이야기한다. 목마는 주인을 버리고 거저 방울소리만 울리며 가을 속으로 떠났다, 술병에 별이 떨어진다. 상심한 별은 내 가슴에 가벼웁게 부서진다. 그러한 잠시 내가 알던 소녀는 정원의 초목 옆에서 자라고 문학이 죽고 인생이 죽고 사랑의 진리마저 애증의 그림자를 버릴 때 목마를 탄 사랑의 사람은 보이지 않는다. 세월은 가고 오는 것 한 때는 고립을 피하여 시들어 가고 이제 우리는 작별하여야 한다." 시 한 편을 미처 끝까지 읊조리기도 전에 쓸쓸한 가을은 그렇게 깊어가고 있었다.

〈3〉

나는 오늘 플라타너스 낙엽이 쓸쓸하게 뒹구는 덕수궁 돌담길을 거닐며 문득 안도현 시인의 '가을엽서'가 떠올라 읊조려보았다. "한 잎 두 잎 나뭇잎이 / 낮은 곳으로 / 자꾸 내려앉습니다 / 세상에 나누어줄 것이 많다는 듯이 // 나도 그대에게 무엇을 좀 나눠주고 싶습니다 // 내가 가진 게 너무 없다 할지라도 / 그대여 / 가을 저녁 한 때 / 낙엽이 지거든 물어보십시오 // 사랑은 왜 낮은 곳에 / 있는지를" 쓸쓸한 가을은 그렇게 깊어가고 있었다.

〈4〉

나는 오늘 플라타너스 낙엽이 쓸쓸하게 뒹구는 덕수궁 돌담길을 거닐며 문득 박인환 시인의 '목마와 숙녀'가 떠올라 읊조려보았다. "한 잔의 술을 마시고 우리는 버지니아 울프의 생애와 목마를 타고 떠난 숙녀의 옷자락을 이야기한다. 목마는 주인을 버리고 거저 방울소리만 울리며 가을 속으로 떠났다, 술병에 별이 떨어진다. 상심한 별은 내 가슴에 가벼웁게 부서진다. 그러한 잠시 내가 알던 소녀는 정원의 초목 옆에서 자라고 문학이 죽고 인생이 죽고 사랑의 진리마저 애증의 그림자를 버릴 때 목마를 탄 사랑의 사람은 보이지 않는다. 세월은 가고 오는 것 한 때는 고립을 피하여 시들어 가고 이제 우리는 작별하여야 한다." 시 한 편을 미처 끝까지 읊조리기도 전에 쓸쓸한 가을은 그렇게 깊어가고 있었다.

먼저 글 〈1〉에서는 '안도현' 시인의 작품을 버젓이 자기 글인 양 표현하고 있다. 즉, 출처의 명시조차 없이 마치 자기가 창작한 시를 예시한 것처럼 꾸미고 있어서 이 글을 읽게 될 독자들은 모든 내용이 필자의 창작이라고 여길 것임에 틀림없다. 나아가 글 전체에서 안도현 시인의 작품이 차지하는 비중을 보건대 시를 빼고 나면 글 자체가 성립되지 않는다는 점에서 심각한 문제점을 내포하고 있는 것이다. 결국 다른 사람의 글을 가져다 쓰면서도 누구의 작품인지 그 출처를 밝히지 않았다는 점에서 '표절'이 성립하며, 동시에 전체적으로 보아 몰래 가져다 쓴 작품이 절대적 비중을 차지한다는 점에서 안도현 시인의 저작권, 구체적으로는 저작인격권으로서의 '성명표시권'과 저작재산권으로서의 '복제권' 등을 침해한 것이 된다.

글 〈2〉의 경우에도 알 만한 사람들은 다 알겠지만, '박인환' 시인의 '목마와 숙녀'라는 작품을 마치 자기가 창작한 것인 양 표현하고 있다는 점에서 일단 '표절'에 해당한다. 다만, 박인환 시인이 1956년에 세상을 떠났으므로 사후 50년이 지났다는 점에서 저작재산권이 소멸되어 저작권 침해에는 해당하지 않는 것으로 보인다. 곧, '보호기간이 만료된 저작물, 공유상태(public domain)에 있는 표현물, 저작물성이 인정되지 않는 표현물 또는 아이디어에 대해서는 저작권 침해가 성립할 수 없고 표절만이 문제될 수 있을 뿐'이다.[16]

글 〈3〉의 경우에는 그것이 안도현 시인의 '가을엽서'라는 작품임을 밝히고 있다는 점에서 일단 '표절'은 아닌 것으로 보인다. 하

---

[16] 남형두(2009), 「표절과 저작권 침해 — 저작권 측면에서 본 표절에 관한 학제적 연구의 기초」, 『창작과 권리』, 제54호(2009. 봄), p.49.

지만 이용허락을 얻지 않고 가져다 쓴 것이라면 글 〈1〉과 같은 이유로 저작권 침해 문제가 제기될 수 있다. 다만, 출처를 명시했다는 점에서 저작인격권은 문제가 되지 않으며, 저작재산권만이 문제가 되는 것이다.

글 〈4〉의 경우에는 글 〈3〉과 유사한 경우에 해당하지만 앞서 살핀 것처럼 박인환 시인이 1956년에 세상을 떠났으므로 그의 저작재산권이 소멸되었기 때문에 '표절'은 물론 '저작권 침해' 또한 해당되지 않는다.^⑭

인터넷 글쓰기와 저작권

현행 저작권법에서는 '온라인서비스제공자의 책임제한'에 대해 규정하고 있다. 그리고 어떤 이는 이러한 온라인서비스제공자 대신 '인터넷서비스제공자'라는 표현을 제안하기도 한다.^⑮ 인터넷서비스제공자(internet service provider ; ISP)란, '인터넷을 통해 이용자들에게 인터넷 접속, 웹사이트 호스팅, 검색 엔진, 전자게시판 시스템 제공 등의 각종 서비스를 제공하는 자'를 가리킨다. 하지만 '온라인서비스제공자'는 '기업 내에만 연결된 폐쇄적인 형태의 네트워크 서비스 등 모든 네트워크에서 활동하는 서비스제공자를 빠짐없이 포섭할 수 있다는 장점에도 불구하고 오늘날 폐쇄적인 네트워크에서 빚어지는 저작권 침해 문제보다는 인터넷을 둘러싼 논의가 더 활발하다는 점에서 '인터넷서비스제공자'라는 표현이 더 현실적'이라는 것이다. 나아가 '인터넷서비스제공자'는 크게 보아

---

⑭ 하지만 만일 시 '목마와 숙녀'가 외설적으로 변형이 되거나 문학적으로 현저히 문제가 되는 책 또는 잡지에 실림으로써 생전에 박인환 시인이 이룩한 문학적 성과를 욕되게 하는 등 '명예훼손'이 분명한 상황에서 이용된다면 이는 저작인격권 침해가 될 수 있다.

⑮ 박준석(2006), 『인터넷서비스제공자의 책임』(서울 : 박영사), pp.7~10 참조.

인터넷 회선의 접속 자체를 제공하는 접속서비스제공자(access provider)와 콘텐츠를 제공하는 콘텐츠서비스제공자(content provider)로 나눌 수 있다.

한편, 이처럼 인터넷 등 디지털 기술을 활용한 전송행위가 일반화되면서 전송을 둘러싼 저작권 침해문제가 급증하고 있다. 이러한 전송과 관련한 불법행위의 구체적인 내용을 살펴보면 다음과 같다.

① 음악파일 등을 웹사이트 · 미니홈페이지 · 카페 · 블로그 등에 올리는 경우
② 음악파일 등을 포털사이트나 웹사이트의 게시판 · 자료실 · 방명록 등에 올리는 경우
③ 음악파일을 특정 가입자만 접근할 수 있는 폐쇄적인 웹사이트 · 미니홈페이지 · 카페 · 블로그 등에 공유 목적으로 올리는 경우
④ 여러 경로를 통해 수집한 음악파일이나 저작물을 다른 사람들과 공유할 목적으로 웹하드에 저장하거나 내려받는 경우
⑤ 다른 사용자와 공유할 목적으로 P2P 프로그램을 통해 음악파일이나 저작물을 올리거나 내려받는 경우
⑥ 음반매장에서 적법하게 구입한 CD를 디지털 파일로 변환하여 홈페이지 · 미니홈페이지 · 카페 · 블로그, 각종 게시판이나 자료실 등에 올리는 경우
⑦ 그 밖에 MP3 파일이 아닌 다른 파일(asf, wma, avi, wav 등)로 변환하여 웹사이트 등에 올리는 경우

기본적으로 보호기간으로서의 저작자 사후 50년이 지난 저작물이나 업무상저작물로서 공표 후 50년이 지난 저작물은 누구나 자유롭게 이용할 수 있다. 따라서 아직 보호기간 중에 있는 우리 저작물과 외국저작물 또는 외국음반을 웹사이트 · 미니홈페이지 · 카페 · 블로그 등에 무단으로 올리는 것은 불법행위가 된다. 우리나라는 국내에 상시 거주하는 외국인 또는 우리나라가 가입한 국제협약의 가입국 국민이 만든 저작물 또는 음반 등에 대해 내국민의 저작물 또는 음반 등과 같은 수준으로 보호하고 있다.

또, 다른 웹사이트에 있는 저작물 파일을 개인 홈페이지나 카페 등에 링크한 때에도 불법행위가 될 수 있다. 예컨대, 프레임 (frame) 기법에 의한 링크를 한 때에는 저작권을 침해한 것과 유사한 불법행위가 된다. 우리 법원은 저작권자의 허락 없이 전자지도를 프레임 기법으로 링크시킨 것과 관련하여 "프레임 링크 행위는 저작권자의 허락 없이 자신의 컴퓨터 서버에 복제하여 이를 자신의 인터넷 홈페이지 이용자들에게 전송한 행위와 마찬가지이기 때문에 위법행위에 해당한다"고 판시(서울지법, 2001. 12. 7. 선고, 2000가합 54067 판결)한 바 있다. 즉, 미니홈페이지 · 카페 또는 블로그 등을 방문하는 순간이나 특정자료를 여는 순간, 또는 특정자료를 클릭하는 순간 해당 음악이 저장된 사이트로 이동함이 없이 방문한 미니홈페이지 · 카페 · 블로그 또는 기타 링크를 건 사이트나 웹페이지에서 음악을 들을 수 있도록 한 링크기법도 프레임 링크와 같은 효과를 가지는 것으로 볼 수 있다.

그 밖에 딥링크(deep link ; 해당자료에 직접 링크하는 것)는 그 사이트의 영업적 이익을 해친 경우에 불법행위가 될 수 있다는 것이 다수의 견해이다. 하지만 다른 웹사이트를 단순링크(사용자가 클릭하면 링크된 사이트로 완전히 이동되는 것)하는 것은 현재로서는 불법행위가 아니다. 다만, 대상 사이트가 불법 복제물을 수록하고 있다는 사실을 알면서 단순링크하는 것은 불법행위를 조장한 것이 되므로 주의해야 한다.

그렇다면 이처럼 다양한 저작물 파일을 합법적으로 이용하려면 어떠한 절차를 거쳐야 할까? 당연히 아무리 번거롭더라도 해당 저작권자를 찾아 이용허락을 얻어야 한다. 특히 음악파일을 합법적으로 이용하기 위해서는 저작권자·실연자·음반제작자 등 관련 권리자 모두의 허락을 받아야 한다. 다만, 권리자들이 자신의 권리를 저작권위탁관리단체에 신탁한 경우에는 신탁관리단체의 허락을 받아야 한다. 어문저작물의 경우에는 (사)한국문예학술저작권협회와 (사)한국방송작가협회 등이 있으며, 음악저작물과 관련이 있는 신탁관리단체로는 (사)한국음악저작권협회, (사)한국예술실연자단체연합회, (사)한국음원제작자협회가 있다.

컴퓨터 프로그램을 판매할 때 판매자는 해당 프로그램에 대한 라이선스를 함께 배포한다. 사용자는 이 라이선스에 따라 해당 프로그램을 사용하야 하는데, 일반적으로 박스 형태로 팔리거나 인터넷상에서 다운로드하여 구입하는 컴퓨터 프로그램에 적용되는 라이선스는 국내법상 약관으로 인정된다. 따라서 이 상품들의 라이선스에서 사용자에게 과도하게 불리한 규정은 무효가 된다. 한편, 컴퓨터 프로그램에 사용되는 라이선스의 종류는 대체로 다음과 같다.[19]

① 쉬링크랩 라이선스(shrink-wrap license) : 소프트웨어의 최종 사용자가 일방 당사자이며, 사용자에게 일정한 범위 안에서의 소프트웨어 사용권만을 인정하는 내용으로 체결되는 계약이다. CD-ROM 등으로 제작되어 포장된 소프트웨어를 구입하면 CD가 들어 있는 봉투의 겉면에 계약 조건이 인쇄되어 있거나 또는 동봉되어 있는데, 곧 비닐(wrap)의 개봉에 따라 계약의 승낙이 이루어진다는 뜻을 담고 있다.

② 클릭랩 라이선스(click-wrap license) : 이는 쉬링크랩 라이선스에서 파생된 것으로, PC 화면상에 사용허락이 관한 조건이 제시되고 이에 동의함을 나타내는 버튼을 클릭하는 의사표시로써 계약의 승낙이 이루어지는 방식을 말한다.

③ 사이트 라이선스(site license) : 이는 패키지 소프트웨어를 판매할 때의 계약이나 과금 방식의 하나로 수천 명 규모의 다수 사용자를 가지고 있어서 같은 소프트웨어를 대량으로 도입할 필요가

---

⑲ 김규성(2005), 『소프트웨어 저작권과 소프트웨어 관리』(서울 : 한국소프트웨어저작권협회), pp.49~51 참조.

있는 대기업을 대상으로 하는 방식이다. 소프트웨어 벤더와 사용자 사이에 소프트웨어를 사용해도 되는 장소와 범위를 결정하며, 사용자는 이 범위 내에 있는 컴퓨터에 한해 계약한 소프트웨어를 무제한으로 설치할 수 있다.

④ CPU 라이선스 : 스톨하여 이용할 수 있는 하드웨어의 대수를 특정하는 것으로 가장 많이 보급되어 있는 형태이다. 개인용으로 시판되고 있는 패키지 소프트웨어의 사용허락계약에서 "1대의 컴퓨터에서 이용할 수 있다"는 취지의 조항이 포함되어 있는 부분이 곧 CPU 라이선스임을 표시하는 것이다.

⑤ 이용자 라이선스 : 하드웨어뿐만 아니라 소프트웨어의 사용자를 특정하는 것을 말한다. 이는 전자메일 소프트웨어 등 특정 이용자가 그의 고유 환경에서 사용하는 소프트웨어에 많이 이용되고 있는 형태이다.

⑥ 서버 라이선스 : LAN을 도입하고 있는 경우에 특정 서버에의 인스톨과 그 서버에 접속하고 있는 클라이언트 컴퓨터에서의 소프트웨어 사용이 인정되는 형태를 가리킨다.

⑦ 동시사용 라이선스 : 동시에 소프트웨어를 사용할 수 있는 수를 제한하는 형태로서, 인스톨하는 하드웨어의 대수나 사용자 수에는 제한이 없다.

chapter 4

올바른 인용의 조건과 방식

우리는 과제물로서의 보고서를 작성하거나 연구논문을 작성하는 등 일반적인 글쓰기에 있어서 흔히 '이용(利用)'과 '인용(引用)'을 혼동하는 경우가 많다. 반드시 허락이 필요한 '이용'과 달리 '인용'의 경우에는 출처의 명시만으로 모든 책임이 면제되는 것으로 오해하는 사람들이 많은 것이다. 아니, 출처를 명시한다면 그것이 곧 '인용'이라고 생각하는 사람이 많다고 해야 할지도 모르겠다.

앞서 예시를 통해 살핀 것처럼 '출처 명시'만으로 '인용의 조건'을 충족시킨 것은 아니라는 사실, 나아가 출처를 밝혔더라도 저작권 침해가 될 수 있다는 사실을 아직도 많은 사람들이 제대로 인식하지 못하고 있는 것이다. 나아가 인용문 처리방식, 그것의 출처를 밝히는 구체적인 방식, 그리고 인용을 허용하는 이유가 무엇인지에 대한 이해 등이 제대로 교육되지 못하고 있다는 점에서 앞으로도 인용을 둘러싼 혼란은 쉽게 가라앉지 않을 것으로 예상된다.

여기서는 올바른 인용의 조건과 방식이란 무엇인지 다양한 예문을 통해 구체적으로 살펴보기로 한다.

1. 공표된 저작물의 정당한 인용[1]

저작권법상 정당한 인용의 뜻

현행 저작권법 제28조에 따르면 공표된 저작물은 "보도 · 비평 · 교육 · 연구 등을 위하여는 정당한 범위 안에서 공정한 관행에 합치되게 이를 인용할 수 있다." 즉, 공표된 저작물을 보도 · 비평 · 교육 · 연구 등의 목적으로 '인용'하는 것은 저작재산권 침해가 아니다. 하지만 그것은 정당한 범위 안에서 이루어져야 하고, 공정한 관행에 합치되는 방법이어야 한다. 여기서 인용(引用 ; quotation)이란 '다른 저작물의 내용 가운데에서 한 부분을 참고로 끌어다 쓰는 것'을 말한다. 특히 어문저작물을 작성함에 있어서는 매우 흔한 것이 인용이다. 그런데 문제는 '정당한 범위' 또는 '공정한 관행'에 관한 해석에 있다.

먼저 '정당한 범위'에 대하여 살펴보면, 다른 저작물을 자기가 작성하는 저작물에 인용해야만 하는 필연성이 인정되어야 하며, 또한 자기 저작물의 내용과 인용 부분 사이에는 일종의 주종관계(主從關係)가 성립되어야 한다는 것으로 해석할 수 있다. 즉, 자기가 창작하여 작성한 부분이 주(主)를 이루고, 그것에 담겨 있는 주제를 좀더 부각시키거나 주장의 타당성을 입증할 목적으로 다른 저작물의 일부를 종(從)으로서 인용했을 때에 비로소 정당한 범위 안에서의 인용이 성립된다. 다만, 다른 저작물의 일부라고 하는 것은 논문이나 소설 따위처럼 분량이 비교적 많아서 전체적인 인용이 불필요한 경우에 해당되는 것이며, 사진이나 그림 또는 시 따위

---

[1] 김기태(2007), 『신저작권법의 해석과 적용』(파주 : 세계사), p.107~110 참조.

처럼 그것의 일부 인용이 불가능한 것까지 포함되는 것은 아니다. 곧 사진이나 그림 또는 시의 경우에는 그것의 전부가 인용될 수도 있을 것이다.

다음으로 '공정한 관행'이란, 인용 부분이 어떤 의도에서 이용되고 있으며, 어떤 이용가치를 지니는가에 따라 달라질 문제이다. 즉, 사회적인 통념에 비추어 보아 타당하다고 여겨지는 방법으로서의 인용만이 공정한 관행에 합치되는 것이라고 볼 수 있는데, 그것은 인용되는 부분을 자기 저작물과는 명확하게 구별되는 방법으로 처리해야 한다는 의미까지도 포함한다. 예컨대, 보도의 자료로서 저작물을 인용할 수밖에 없는 경우, 자기나 다른 사람의 학설 또는 주장을 논평하거나 입증할 목적으로 다른 사람의 저작물을 인용하는 경우, 역사적 사실이나 경향을 살피는 글에서 이해를 돕기 위해 다른 저작물을 통째로 싣는 경우 등은 바로 공정한 관행에 합치되는 것으로 볼 수 있다. 그렇더라도 인용에 있어서는 출처 명시의 의무[2]가 엄격하게 적용되어야 한다. 인용 부분에 대한 적절한 구분이나 출처의 명시가 부정확하다면 그것이 인용인지 창작인지를 분간할 도리가 없기 때문이다.

따라서 다른 사람의 저작물을 일부라도 인용할 바에는 그 부분에 인용부호를 붙이거나 단락을 바꾸어 본문과는 다른 활자로 표시함으로써 인용 부분을 구분하는 것이 상식이다. 또한 학술관련 전문서적이나 논문에서는 출처로서의 저자명, 책명 또는 논문제목, 발행처, 발행연도, 해당 면수 등을 적절한 위치에 주(註) 표시

---

[2] 저작권법 제37조(출처의 명시) 제2항 "출처의 명시는 저작물의 이용 상황에 따라 합리적이라고 인정되는 방법으로 하여야 하며, 저작자의 실명(實名) 또는 이명(異名)이 표시된 저작물인 경우에는 그 실명 또는 이명을 명시하여야 한다."

로써 밝히는 것이 통례이고, 이러한 의무사항이 제대로 지켜지지 않는다면 그 저작물은 신용이 없는 것으로 간주되어도 무방하다.

결국, 남의 글을 인용하고도 마치 자기의 글처럼 여긴다면 당연히 인용 부분에 대한 구분이라든가 출처를 명시하지 않을 것이 분명한데, 그 경우에는 인용이 아니라 도용(盜用)으로 저작권 침해 행위가 된다.

한편, 이 같은 '공표된 저작물의 인용'에 대해 알기 쉽게 설명하고 있는 것으로는 남형두 교수의 이른바 '대가이론(對價理論)'이 있다. 그 내용을 소개하면 다음과 같다.[3]

공표된 저작물의 인용을 공정이용(fair use) 측면에서 접근할 경우에는 그 정당화 논리가 필요하다. 왜 타인의 창작물을 일반이 인용하여 쓰는 것이 정당한가? 여기에 두 가지 논의가 가능하다고 본다.

첫째, 인용되는 창작자 입장에서 자신의 창작물을 외부에 공표한다는 것은, 특히 어문저작물 중에서도 학술물인 경우 당연히 타인의 이용을 전제로 한다는 점에서, 개방적 라이선스의 논리를 빌리자면, 창작물을 공표할 때 정당한 범위 내에서 사용하되, 반드시 그 출처를 표시할 것을 조건으로 한 것이라고 볼 수 있다. 어문저작물을 공중에 발표한다는 것은 곧 다른 사람의 이용을 전제로 하는 것인데, 특히 학술적 성격의 어문저작물의 경우는 오히려 창작자의 이런 행위가 당연한 것으로서 사회적으로도 피인용 횟수가 많아진다는 것이 곧 권위의 상징이 되는 것이라는 인

---

③ 남형두(2007), 연구보고서 「표절문제 해결방안에 관한 연구(Ⅰ) ― 문화산업 발전을 위한 토대로서 저작권의식 제고를 위한 기초연구」(서울 : 저작권심의조정위원회), pp.123~125.

식은, '공표＝인용 허용'을 전제로 하는 것이라 할 수 있다. 그러나 이 경우 도작, 도용, 표절까지 허용한 것은 아니라는 점에서 인용의 한계는 있는 것이며, 이것이 이른바 '정당한 범위'와 관련되는 것이라 할 수 있다.

둘째, 인용하는 이용자 입장에서는 타인의 창작물을 수고로움이 없이 사용할 때는 그에 따른 대가를 지불하는 것이 정의관념에 맞는 것인데, 그 대가를 특허의 경우처럼 실시를 위한 라이선스계약을 체결하는 것이 아니라, 피인용물을 자신의 저작물에서 밝히는 것으로서, 그 대가(로열티)를 지불한 것으로 볼 수 있다고 생각된다.

논문작성시 인용을 하는 것은 비평적 문헌의 텍스트들의 권위를 논문작성자의 주장을 뒷받침하거나 확인하기 위해 이용하는 것이라는 움베르토 에코의 지적〔움베르토 에코(번역 김운찬), 「논문 잘 쓰는 방법」, 열린책들(1994), 225～226쪽〕은 역으로 말하자면 인용함으로써 피인용 문헌의 권위를 그만큼 올려주는 것이라 할 수 있어, 출처를 표시하여 인용한다는 것은 그만큼 피인용 저작물의 저작자에게 경제적인 것은 아닐지라도 일종의 지불행위를 하는 것이라고 볼 수도 있다.

어문저작물, 특히 학술물의 경우 그 창작과 공표로 인하여 후속 저작물의 이용에 따른 경제적 이익을 얻는 것보다는 피인용에 따른 명예와 학문적 권위가 더 큰 창작의 동인이 된다고 할 수 있으므로, 해당 분야 후속세대가 앞선 창작물을 이용하되, 그 출처를 밝힘으로써 인용하는 것은 이용에 따른 대가를 지불한 것이라고 볼 수 있다. 정리하면 공표된 어문저작물을 인용할 때, 창작자와 이용자 입장에서 정해진 규칙에 따라 출처를 표시하고 정당한 범위 내에서 이용하는 것은 정당성을 충분히 갖게 되는 것이다.

한편, 대가이론(對價理論)을 유체재산과 비교하여 설명해 보기로 한다. 유체재산(동산, 부동산)을 취득하는 행위는 원시취득과 승계취득이 있을 수 있다. 무주물 선점이나 간척공사 또는 공유수면 매립과 같이 원시취득의 경우가 있긴 하지만 대체로 승계취득을 상정할 수 있다. 승계취득의 경우 원재료 매입이라는 출연행위가 전제되고 이에 기술 또는 자본을 투여하여 가치가 증대된 유체재산을 취득할 수 있다. 저작권과 같은 무체재산의 경우 창작행위가 더해지는 원본, 즉 유체재산의 경우 원재료에 해당하는 것이 무엇인가? 이것은 기존의 문화라 할 수 있다. 2차적 저작물 작성권 침해가 수반되는 경우 유체재산에서와 같이 원작자에게 원작의 사용을 허락받기 위한 출연행위가 있을 수 있으나, 그렇지 않은 경우 기존의 문화를 별도의 출연행위 없이 사용할 수 있다. 즉 무체물의 경우 원재료 구입을 위한 출연행위가 없을 뿐 아니라, 오히려 법이 자유이용의 길을 터주고 있다. 그 대표적인 것이 바로 '공표된 저작물의 인용'이다. 물론 여기에는 제한이 있다. '정당한 범위 내 사용'(양적 · 질적 주종관계 불형성)과, '공정한 관행에 합치된 사용'이 그것이다. '공정한 관행'에는 '출처표시의무'라고 하는 인용의무가 따르게 된다.

이상에서 살핀 것처럼 '공표된 저작물의 정당한 인용'은 어문저작물 저작자들에게 있어 피할 수 없는 것이다. 그럼에도 일부 연구자들은 이 같은 원칙을 제대로 지키지 않거나 가볍게 여기고 지나침으로써 불명예스런 결과를 초래하게 된다. 당연하고도 손쉬운 절차임에도 제대로 지켜지지 않는 '인용'의 원칙과 방식에 대하여 찰스 립슨(Charles Lipson)은 다음과 같이 설명한다.

인용의 규칙은 솔직함과 정직함이라는 기본 원칙을 따른다. 만약 다른 연구자의 말을 인용할 경우 인용부호를 붙이거나 문단을 바꿔 들여쓰기함으로써 인용문임을 분명하게 표시하고 출처 또한 밝혀야 한다. 단순히 저자의 이름만 밝히는 것으로는 부족하다. 특히 직접 인용문일 경우 인용부호를 붙이고 전체 문장을 명시해야 한다. 다른 연구자의 말을 쉽게 풀어쓸 경우 원문과 거의 비슷한 말로 쓰지 말고 자신만의 언어를 최대한 살려 써야 하며, 이 경우에도 출처를 밝혀야 한다.

시각적인 이미지나 건축 도면, 데이터베이스, 그래프, 통계표, 육성을 비롯해 인터넷에서 얻은 정보에도 똑같은 규칙이 적용된다. 만약 다른 연구자의 것이라면 반드시 그 출처를 밝혀야 한다. 설사 본인 생각에 잘못된 자료라서 그 오류를 비판할 목적으로 사용하더라도 반드시 그 출처를 명시해야 한다. 해당 자료가 공적인 영역에서 자유롭게 이용 가능한 것들이라 해도 마찬가지이다. 해당 연구자가 자신의 연구실적을 사용하도록 허가했다 해도 출처를 생략할 수 없다. 이는 다른 연구자의 연구실적을 참고하거나 인용한 사실을 밝혀야 한다는 동일한 원칙에 따른 것이다.

결국 '인용'은 그것의 출처를 명시함에 있어 자세하고 구체적일수록 피인용 저작물 저작자의 노고에 윤리적으로 보답하는 것이 된다. 이처럼 올바른 인용의 원칙과 방식을 요약 정리하면 다음과 같다.

첫째, 저자는 자신의 저작물에 소개, 참조, 논평 등의 방법으로 타인의 저작물의 일부를 원문 그대로 또는 번역하여 인용할 수 있다. 이처럼 다른 연구자의 연구실적을 인용할 때에는 해당 인용문을 정확하게 제시해야 하며, 왜곡하거나 논리적 근거가 빈약한 부분만을 제시해서는 안 된다.

둘째, 저자는 인용의 모든 요소―저자명, 저서명, 학술지의 권·호수, 쪽수, 출간연도 등―를 2차 출처에 의존하지 말고 원출처에서 직접 확인해야 하며, 다만 불가피한 경우에는 재인용임을 밝히고 인용할 수 있다. 다음에서 예시한 글을 보자.

인쇄매체의 원형은 출판 분야에서 비롯되었다. 베일리(H. S. Bailey)는 인쇄와 출판의 관계에 대해, "인쇄(printing)는 건축과 마찬가지로 봉사의 예술이다. 인쇄는 출판에 봉사하고, 출판은 문명에 봉사한다"[1]고 하였다. 이 말은 곧 인쇄술이 단순히 출판활동에만 국한되는 것이 아니라 문명진보의 주요조건으로 기능한다는 사실을 강조한 것이다.

결국 인쇄는 인류의 문화를 건설하기 위하여 출판을 포함한 인

---

1) Hebrt S. Bailey(1970), *The Art and Science of Book Publishing*(Austin : University of Texas Press), p.195.

---

④ Charles Lipson, 김형주·이정아 옮김(2008), 『정직한 글쓰기』(서울 : 멘토르), pp.63~64.

쇄매체에 봉사하는 수주산업으로 그 공정이 예나 지금이나 매우 복잡하여, 인쇄를 정의한다는 것은 손쉽지가 않다.

* 출처 : 김기태(2005), 『디지털 미디어 시대의 저작권』(서울 : 도서출판 이채), pp.19~20.

만일 위의 글에서 '허버트 베일리'의 견해를 재인용하는 경우, 그것을 표시하는 방법은 다음과 같다.

Hebrt S. Bailey(1970), *The Art and Science of Book Publishing* (Austin : University of Texas Press), p.195., 김기태(2005), 『디지털 미디어 시대의 저작권』(서울 : 도서출판 이채), pp.19~20 재인용.

셋째, 저자는 피인용 저작물이 인용 저작물과 명확히 구별될 수 있도록 신의성실의 원칙에 입각하여 합리적인 방식으로 인용해야 한다. 따로 구별되지 않고 그 출처가 밝혀져 있지 않은 부분은 모두 저자가 직접 작성한 글로 간주하며, 그에 따르는 책임을 면할 수 없다.

〈올바른 인용의 예〉

인쇄란 무엇일까? 그리고 활자의 발명이 오늘날과 같은 인쇄 기술의 발달에 미친 영향은 무엇일까? 우선 그 목적이나 내용으로 보아 인쇄란 다음과 같이 정의할 수 있을 것이다.

"인쇄는 직접 또는 간접으로 지식 · 정보 · 경험 등 인류의 정신 문화를 담은 원고를 보다 빨리, 다량으로, 싸고 정확하게 전달 ·

보존할 목적으로 판을 개입하여 종이, 그 밖의 피인쇄체 위에 색재(色材)로 문자·사진 등을 인상(印象)하는 행위이다."[1]

이처럼 매체의 복제행위에 있어서 활자의 사용은 전달내용을 정확하고도 동일하게 표현할 수 있는 기술을 앞당기게 해주었다. 따라서 내용의 분량, 내용의 조직과 배열, 내용체제의 통일성, 매체규격의 통제는 물론, 그 보급과 보존 등의 능률성 측면에서 새로운 영역을 열었다는 점에서 활자의 발명은 높이 평가되어야 마땅할 것이다.

---

1) 오경호 편저(1989),『印刷커뮤니케이션入門』(서울 : 범우사), p.44.

⟨잘못된 인용의 예⟩

인쇄란 무엇일까? 그리고 활자의 발명이 오늘날과 같은 인쇄기술의 발달에 미친 영향은 무엇일까? 우선 그 목적이나 내용으로 보아 인쇄란 직접 또는 간접으로 지식·정보·경험 등 인류의 정신문화를 담은 원고를 보다 빨리, 다량으로, 싸고 정확하게 전달·보존할 목적으로 판을 개입하여 종이, 그 밖의 피인쇄체 위에 색재(色材)로 문자·사진 등을 인상(印象)하는 행위라고 정의할 수 있을 것이다. 이처럼 매체의 복제행위에 있어서 활자의 사용은 전달내용을 정확하고도 동일하게 표현할 수 있는 기술을 앞당기게 해주었다. 따라서 내용의 분량, 내용의 조직과 배열, 내용체제의 통일성, 매체규격의 통제는 물론, 그 보급과 보존 등의 능률성 측면에서 새로운 영역을 열었다는 점에서 활자의 발명은 높이 평가되어야 마땅할 것이다.

넷째, 저자는 피인용 저작물 저작자의 저작인격권을 존중하여 반드시 공표된 저작물을 인용해야 하며, 공개되지 않은 학술자료를 논문심사나 연구제안서 심사 또는 사적 접촉을 통하여 획득한 경우에는 반드시 해당 연구자의 동의를 얻어 인용해야 한다. 그렇지 않으면 저작인격권 중 '공표권(公表權)'●을 침해한 것이 된다.

다섯째, 저자는 타인이 이미 발표한 논문에 담긴 이론이나 아이디어를 번안(飜案)해서 자신의 저작물에 소개할 때에는 그 출처를 명시해야 한다. 즉, 다른 연구자의 생각이나 데이터를 사용하려면 그 출처를 정확하게 밝혀야 하며, 다른 연구자의 말을 그대로 사용하려면 인용부호로써 표시하고 그 출처를 밝혀야 한다. 또, 다른 연구자의 말을 자신이 쉽게 풀어쓰려면 자신만의 독특한 표현법을 사용하되 원문의 출처를 밝혀야 한다. 자신의 문체가 원문을 그대로 모방하지 않도록 주의해야 하며, 원문과 비슷한 경우에는 차라리 직접 인용으로 처리하는 것이 좋다.

여섯째, 저자는 하나의 출처로부터 집중적으로 차용하는 경우 어떤 아이디어가 자신의 것이고 어떤 아이디어가 참조된 출처로부터 비롯되었는지 독자들이 명확하게 알 수 있도록 집필해야 한다.

일곱째, 저자는 연구의 방향을 결정하는 데에 중대한 영향을 주었거나 독자가 연구내용을 이해하는 데에 도움이 될 수 있는 중요한 공개된 문헌이라면 관련 연구자가 이론적·경험적으로 알 수 있는 경우를 제외하고는 모두 참고문헌에 포함시켜야 한다.

여덟째, 선행연구 리뷰에서 초록을 사용했으면서도 참고문헌 목록에는 학술지 논문을 인용하거나, 논문의 출간 버전을 인용하면

● 저작권법 제11조(공표권) 제1항 "저작자는 그의 저작물을 공표하거나 공표하지 아니할 것을 결정할 권리를 가진다."

서 실제로는 학술회의 발표논문집으로 출간된 초기 버전 또는 예비 버전을 사용하는 것을 피해야 한다.

아홉째, 참고자료를 제시하는 경우에는 독자들이 해당자료를 직접 검토할 수 있도록 그 출처를 정확하게 밝혀야 한다. 다만, 널리 알려진 자료인 경우에는 굳이 출처를 밝히지 않아도 무방하다.

끝으로, 중복게재, 즉 이미 출간된 본인의 논문과 주된 내용이 동일하다면 후에 출간된 본인 논문의 본문이 다소 다른 시각이나 관점을 보여주는 텍스트를 사용하거나 이미 출간된 동일한 데이터에 대한 다소 다른 분석을 포함하더라도 중복에 해당할 수 있다. 중복게재를 하는 경우에는 이미 출간된 논문을 인지할 수 없는 다른 독자군을 위하여 두 학술지의 편집인이 중복게재에 대해 동의해야 하고, 저자는 해당 학술지의 독자들에게 동일논문이 다른 학술지에 출간되었다는 사실을 밝혀야 한다. 한 언어로 출간된 논문을 다른 언어로 번역하여 다른 학술지에 출간하는 경우도 마찬가지다. 동일논문을 서로 다른 학회지에 복수로 기고하는 것은 금지되며, 하나의 학술지에 게재불가 결정이 난 후에 다른 학술지에 기고하는 것이 원칙이다.

다음에 제시된 자료는 2010년 1월부터 적용된 '한국학술단체총연합회'의 연구윤리지침으로, 가장 최근에 마련된 것이라는 점에서 주목할 만하다.

1. 목적

이 지침은 학술연구분야 표절 및 중복게재 등과 관련한 기준을 제시하여 연구윤리에 대한 사회적 의식을 제고하고, 건전한 학문 발전에 이바지함을 목적으로 한다.

2. 연구자의 책임과 의무

연구자는 연구 활동 및 결과가 공공적 성격을 지니고 있음을 인식하고, 모든 연구수행 과정에서 연구윤리를 준수하기 위하여 노력한다.

3. 지침 적용

1) 이 지침은 모든 학문분야에서 발생하는 표절 및 중복게재와 관련한 제반 연구윤리 문제에 일반적으로 통용될 수 있다.

2) 이 지침은 대학, 학술단체, 정부출연연구소 및 기타 연구소 등 연구기관, 연구지원기관 등이 관련 분야에서 적용할 참고자료를 제시하는 것이며, 지침에 대한 적용 및 최종 판정은 각 기관이 자율적으로 하는 것을 원칙으로 한다.

4. 용어의 정의

이 지침에서 사용하는 용어의 정의는 다음과 같다.

1) '표절'은 의도적이든 비의도적이든 일반적 지식이 아닌 타인의 아이디어나 저작물을 적절한 출처표시 없이 자신의 것처럼 부당하게 사용하는 학문적 부정행위를 말한다.

2) '중복게재'는 연구자 자신의 이전 연구결과와 동일 또는 실질적으로 유사한 학술적 저작물을 처음 게재한 학술지 편집자나 저작물 저작권자의 허락 없이 또는 적절한 출처표시 없이 다른 학

술지나 저작물에 사용하는 학문적 행위를 말한다.

5. 표절 및 중복게재의 판정

1) 다음의 경우는 표절로 볼 수 있다.

① 이미 발표되었거나 출판된 타인의 핵심 아이디어를 적절한 출처표시 없이 사용한 경우

② 이미 발표되었거나 출판된 타인의 저작물의 전부 또는 일부를 적절한 출처표시 없이 그대로 사용하거나 다른 형태로 바꾸어 사용한 경우

③ 연구계획서, 제안서, 강연자료 등과 같은 타인의 미출판물에 포함된 핵심 아이디어나 문장, 표, 그림 등을 적절한 출처표시 없이 사용한 경우

2) 다음의 경우는 중복게재로 볼 수 있다.

① 연구자가 자신의 동일 또는 유사한 가설, 자료, 논의(고찰), 결론 등에서 상당부분 겹치는 학술적 저작물을 적절한 출처표시 없이 동일언어 또는 다른 언어로 중복하여 게재한 경우

② 이미 게재된 자신의 학술적 저작물의 일부라도 적절한 출처표시 없이 그대로 사용한 경우

③ 하나의 논문으로 발표해야 할 내용을 여러 논문으로 고의로 나누어 게재한 경우. 단, 연속논문은 제외

6. 표절 및 중복게재에 포함되지 않는 유형

1) 다음에 해당하는 유형은 표절에 포함되지 않는 것으로 볼 수 있다.

① 독창성이 인정되지 않는 타인의 표현 또는 아이디어를 이용하는 경우

② 여러 개의 타인 저작물의 내용을 편집하였더라도 소재의 선

택 또는 배열에 창작성이 인정되는 출처표시를 한 편집저작
물의 경우

③ 기타 관련 학계 또는 동일 분야 전문가들 사이에 표절이 아닌
것으로 분명하게 평가되고 있는 경우

2) 다음에 해당하는 유형은 중복게재에 포함되지 않는 것으로 볼
수 있다.

① 자신의 학술적 저작물을 인지할 수 없는 다른 독자군을 위해
일차와 이차 출판 학술지 편집인 양자의 동의를 받아 출처를
밝히고 게재한 경우

② 연구자가 자신의 선행연구에 기초하여 논리와 이론 등을 심
화 발전시켜 나가는 연구과정(국내·외 학술대회에서 발표
후 출판된 논문 및 자료의 경우 포함)에서 적절한 출처표시를
한 후속 저작물

③ 이미 발표된 자신의 학술적 저작물을 모아서 출처를 표시하
여 저서로 출판하는 경우

④ 자신의 학술적 저작물의 내용을 연구업적에는 해당하지 않는
출판물에 쉽게 풀어쓴 경우

⑤ 기타 관련 학계 또는 동일 분야 전문가들 사이에 중복게재가
아닌 것으로 현저하게 평가되고 있는 경우

3) 각 기관은 1) 및 2)에 해당하는 사항이더라도 구성원들의 합의
에 의하여 표절 및 중복게재에 포함되는 것으로 할 수 있다.

7. 인용 및 출처표시 등

1) 연구자는 다른 저작물을 인용할 때 이용자들이 그 출처를 파악
할 수 있도록 인용된 저작물의 서지정보(전자자료 포함)를 정확

하게 표기한다.

2) 연구자가 인용하는 분량은 자신의 저작물이 주가 되고 인용하는 것이 부수적인 것이 되는 적정한 범위 내의 것이어야 한다.

8. 판정절차, 기간 및 활용 등

1) 연구자가 소속 또는 가입된 기관은 표절 및 중복게재 여부를 정확하게 판정할 수 있는 심사제도를 마련한다.

2) 연구자가 소속 또는 가입된 기관은 연구자가 표절 및 중복게재 행위를 했다고 의심할 만한 이유 및 의혹이 제기된 경우 판정절차를 즉시 개시한다.

3) 연구자가 소속 또는 가입된 기관은 표절 및 중복게재 의혹이 제기되어 사안 발생을 알게 된 날로부터 최소 7개월 이내에는 자체적으로 판정하여 결론을 내림으로써 사회적 혼란을 최소화하도록 노력한다.

4) 표절 및 중복게재 사안 관련기관이 2개 이상인 경우 기관 간 협의를 통하여 결정한다.

5) 연구자가 소속 또는 가입된 기관은 표절 및 중복게재 판정결과를 연구자의 인사 및 연구업적 평가에 반영할 수 있는 합리적인 방안을 마련한다.

9. 표절 및 중복게재 예방 노력

1) 연구자가 소속 또는 가입된 기관, 학술단체, 교육기관 등은 표절 및 중복게재를 예방하기 위하여 관련 교과목 개설, 예방교육, 올바른 인용방법 교육 등 합리적인 방안을 마련하여 이를 시행한다.

2) 연구자가 소속 또는 가입된 기관, 학술단체, 교육기관 등은 연구자가 표절 및 중복게재의 개념 및 유형, 판정기준 등을 명확하게

알 수 있도록 규정을 마련하여 운영하고, 그 내용을 소속 연구자들에게 공지하여 표절 및 중복게재 예방에 노력한다.

3) 정부는 표절 및 중복게재 예방과 관련된 자율적인 연구윤리 정착과 건전한 학술연구 수행을 지원하고, 이를 촉진하기 위하여 노력한다.

10. 적용 시점

이 지침은 2010년 1월 1일부터 적용한다. 다만, 연구자가 소속 또는 가입된 기관, 학술단체, 교육기관 등에서 표절 및 중복게재 판정 결과를 활용하기 위하여 소급하여 적용할 때에는 구성원의 합의하에 정하는 것을 원칙으로 한다.

2. 인용에 관한 판례 분석[6]

사진의 인용
- 대법원 1990.10.23. 선고, 90다카8845 판결

잡지에 게재된 사진이 비평기사보다 절대적 비중을 차지하는 화보 형식으로 구성된 경우 이 사진들은 보도 목적이라기보다는 감상용으로 인용되었다고 보이므로 보도를 위한 정당한 범위에 해당하지 않는다. 정당한 범위에 들기 위해서는 그 표현형식상 피인용 저작물이 보족, 부연, 예증, 참고 자료 등으로 이용되어 인용 저작물에 대한 부종적 성질을 가지는 관례가 인정되어야 한다.

삽화의 인용
- 서울지방법원 1992.6.5. 선고, 91카합39509 판결

『○○전과』에서 국어가 차지하는 비율이 5분의 2(480면 중 192면)이고, 그 중 그림이 차지하는 비율이 약 3분의 1이며, 그 그림 중 삽화가 약 2분의 1인 사실을 인정할 수 있는바, 『○○전과』의 발간 목적 및 피고의 저작물에서 원고의 저작물이 차지하는 비중 등에 비추어 보면 피고가 원고의 저작물을 정당한 범위 내에서 공정한 관행에 합치되게 인용하였다고 볼 수 없다.

평전에서의 인용
- 서울지방법원 1995.9.27. 선고, 95카합3483 가처분 결정

평전(評傳)의 경우에는 성질상 모델로 되는 사람의 주요 사건이

---

[6] 문화체육관광부 홈페이지(www.mct.go.kr) 참조.

다루어져야 하고, 그 모델이 기업경영인인 경우에는 경영철학 등이 소개될 수밖에 없으며, 그가 저술한 책자나 연설문이 있다면 이를 이용하는 것은 그것이 부종적인 관계에 있는 한 정당한 범위 내의 인용으로 보이며, 그 인용 방법도 출처를 밝히는 등 비교적 명확하여 공정한 관행에 합치되므로 정당한 인용에 해당한다.

문학 작품의 인용
- 서울지방법원 1995.9.22. 선고, 94가합98851 판결

대학입시 준비생들의 소설 감상 능력을 키워주기 위하여 국내 소설을 단편은 그 전문을, 중·장편은 상당한 분량을 발췌하여 각 작품마다 작가 소개, 작품의 주제, 줄거리, 단락, 플롯, 시점, 등장인물과 인물의 묘사 방법, 배경, 문학사적 의의 등을 간략하게 해설하여 발행한 책은 전체적으로 인용된 부분이 주가 되어 원 저작물의 시장 수요를 대체할 수 있으므로 정당한 인용에 해당하지 않는다.

인용의 목적
- 대법원 1997.11.15. 선고, 97도2227 판결

정당한 범위 내에서 공정한 관행에 합치되게 인용한 것인가의 여부는 인용의 목적, 저작물의 성질, 인용된 내용과 분량, 피인용 저작물의 수록한 방법 및 형태, 독자의 일반적 관념, 원 저작물의 수요 대체 여부 등을 종합적으로 고려하여 판단해야 할 것이고 이 경우 반드시 비영리 이용이어야만 교육을 위한 것으로 인정되진 않으나 영리적인 교육 목적의 경우 비영리 목적보다는 자유 이용의 허용 범위가 좁아진다.

인터넷 검색사이트에서 원본 이미지를 축소하여 검색어와 함께 제공한 것은 사진을 예술 작품으로 전시하거나 판매하기 위해 게시한 것이 아니므로 상업적인 성격은 간접적이고 부차적이며, 사진을 감상하기 어려워 작품 사진에 대한 수요를 대체하거나 저작권 침해의 가능성을 높이기 어려운 점, 사용자들이 작품 사진을 감상하기보다는 이미지와 관련된 사이트를 찾아가는 통로로 인식할 가능성이 높은 점 등을 감안할 때 저작권 침해에 해당하지 않는다.

3. 소결

지금까지 살펴본 올바른 인용의 원칙과 방식을 요약하면 다음과 같다.

① 저자는 자신의 저작물에 타인의 저작물의 일부를 원문 그대로 또는 번역하여 인용할 수 있으며, 이 경우 해당 인용문을 정확하게 제시해야 한다.

② 저자는 피인용 저작물의 저자명, 학술지의 권·호수, 쪽수, 출간연도 등을 2차 출처에 의존하지 말고 원 출처에서 직접 확인해야 하며, 불가피한 경우에는 재인용임을 밝혀야 한다.

③ 저자는 피인용 저작물이 인용 저작물과 명확히 구별될 수 있도록 인용부호를 적절히 활용하면서 인용해야 한다.

④ 저자는 피인용 저작물 저작자의 저작인격권을 존중하여 반드시 공표된 저작물을 인용해야 한다.

⑤ 저자는 타인이 이미 발표한 논문에 담긴 이론이나 아이디어를 번안해서 자신의 저작물에 소개할 때에는 그 출처를 명시해야 한다.

⑥ 저자는 하나의 출처로부터 집중적으로 차용하는 경우 어떤 아이디어가 자신의 것이고 어떤 아이디어가 참조된 출처로부터 비롯되었는지 독자들이 명확하게 알 수 있도록 집필해야 한다.

⑦ 저자는 연구의 방향을 결정하는 데에 중대한 영향을 주었거나 독자가 연구내용을 이해하는 데에 도움을 준 문헌은 모두 참고문헌에 포함시켜야 한다.

⑧ 참고자료를 제시하는 경우에는 독자들이 해당 자료를 직접 검토할 수 있도록 그 출처를 정확하게 밝혀야 한다.

⑨ 중복게재를 하는 경우에는 이미 출간된 논문을 인지할 수 없는 다른 독자군을 위하여 두 학술지의 편집인이 중복게재에 대해 동의해야 하고, 저자는 해당 학술지의 독자들에게 동일 논문이 다른 학술지에 출간되었다는 사실을 밝혀야 한다.

이처럼 인용에 있어 엄격한 조건과 방식이 요구되는 까닭은 글쓰기로 표현되는 자신의 창작 내지 연구 활동과 성과에 있어 정직성을 확보한다는 점, 그리고 다른 저작자들의 생각을 폭넓고도 충분하게 경험할 수 있게 해준다는 점에서 찾을 수 있다. 곧 다른 저작자들의 성과물을 올바르게 인용하는 것이야말로 '글쓰기를 통한 저작자들끼리의 멋진 소통'을 추구하는 것이며, 나아가 자신과 견해가 같은지 그렇지 않은지에 관계없이 다양한 관점과 겨뤄볼 수 있는 최선의 방법이기 때문이다. 다른 저작자들의 성과물을 올바르게 인용할 줄 아는 저작자는 그 내용을 자신에게 유리한 방향으로 조작하지 않으면서 자신의 견해와 다른 저작자의 그것을 비교하는, 혹독하면서도 공정한 절차를 통과함으로써 자신의 저술방법이 갖는 우수성을 증명하게 되는 것이다.

물론 자신이 쉽게 반박할 수 있을 정도로 논리적 근거가 빈약한 이론들만 인용의 대상으로 삼아서는 안 된다. 이러한 태도는 비윤리적일 뿐만 아니라 스스로 지적 태만을 인정하는 것이나 마찬가지이기 때문이다. 자신의 연구결과 또는 관점과 반대되는 성과물을 골라 정확히 제시하고 비교함으로써 자신의 그것이 더욱 우수하다는 점을 입증할 수 있다면 결과적으로 훨씬 더 설득력을 얻는 동시에 학문적 영향력 또한 높아질 것이기 때문이다.

이렇듯 저작행위를 한 사람에게 '저작권'이라는 권리를 부여해서 굳이 보호하는 이유는 '저작물은 곧 문화와 학문 발전의 원동력이 되므로 좋은 저작물이 많이 나와야 그 사회가 문화적·학문적으로 풍요로워질 수 있기 때문'이라고 할 수 있다. 그런데 만일 저작자에게 아무런 권리를 부여하지 않는다면 저작자가 장기간 노력해서 창작한 저작물을 누구든지 아무런 대가를 치르지 않고도 마음대로 이용하게 될 것이므로, 저작자로서는 창작행위를 계속하지 않을 것이 분명하고, 이는 곧 인류 발전의 퇴보를 가져올 것임에 틀림없다. 저작권을 보호하는 이유는 그러므로 권리행사를 통해 창작을 위한 노력에 대한 적절한 보상을 보장함으로써 창작행위를 계속할 수 있는 동기를 제공하기 위함이라고 할 수 있다.

이 같은 저작권 보호의 당위성을 인정한다면 이제부터라도 우리 교육현장에서는 올바른 인용의 조건과 방식에 대한 자세한 규정을 만들고 표절예방교육을 강화해 나가야 한다. 특히 초·중·고교생의 교육을 담당하는 사범대와 교육대에 표절 관련 강의를 도입해 학생들에게 표절은 범죄라는 인식을 심어줘야 할 것이다. 대학에서는 모든 전공에 걸쳐 교양필수과목 또는 전공필수과목으로 가칭 '저작권론'을 이수하도록 함으로써 보다 철저한 저작권 교육이 이루어져야 한다.

결국 초등학교 때부터 성과보다 과정을 중시하는 인식을 심어줘야 하며, 아이들이 지식을 창조한 사람에 대한 존경과 예의를 갖추도록 하기 위해서라도 교사와 교수들 역시 저작권에 대한 인식을 새롭게 해야 할 것이다. 그리하여 어려서부터 올바른 인용의 조건과 방식에 대한 교육이 체계적으로 이루어지고, 현행 저작권법에 입각한 저작권 보호의 중요성을 자연스레 일깨워줌으로써 실생활 속에서 습관처럼 저작권 보호의식이 싹트도록 가르쳐야 할 것이다.

부 록

저작권 침해행위와 기소유예제도

저작권 침해행위와 기소유예제도

1. 기소유예제도의 뜻

최근 검찰에서는 인터넷상의 저작권 침해행위에 대해 사안이 극히 경미한 경우에는 예외적으로 '저작권 교육조건부' 기소유예 처분을 내리고 있다. 여기서 '기소유예'란 '죄를 범한 사람에 대하여 공소(公訴)를 제기하지 않는 검사의 처분'을 말한다. 현행 형사소송법에 따라 검사는 범인의 연령 · 성행(性行), 지능과 환경, 피해자에 대한 관계, 범행동기 · 수단과 결과, 범행 후의 정황 등을 참작하여 소추할 필요가 없다고 판단했을 때에는 공소를 제기하지 않을 수 있다.

언제부턴가 저작권자의 위임을 받은 일부 법무법인들이 청소년들을 비롯한 누리꾼(네티즌)들의 저작권 침해행위에 대해 광범위한 고소 · 고발을 제기하면서 이로 인한 부작용이 사회문제로 비화되기 시작했다. 이에 정부는 기소단계에서 이러한 고소 · 고발에 대한 대책을 내놓았는데, 저작권법 위반 전력이 없는 청소년은 그 침해행위가 우발적인 경우 1회에 한하여 조사 없이 각하하기로 했다. 다만, 영리적이거나 상습적인 경우에는 예외. 또한 실제로 문화체육관광부 산하 한국저작권위원회에서 실시하는 저작권에 대한 교육이수를 조건으로 기소를 유예하는 제도가 시행되고 있다. 이 제도는 경미한 저작권 침해사범에 대해 곧바로 형사 처벌을 하는 대신 교육을 통해 재범을 방지하고 범죄자로서의 낙인효과도 막을 목적으로 도입되었다. 대상자들은 저작권위원회에서 실시하는 저작권 관련 교육을 8시간 동안 받게 된다.

한국저작권위원회는 80여 명의 강사 인재풀을 활용해 서울 지역의 경우 저작권위원회 강의실에서, 지방의 경우 전국 11개 지방 박물관 부속건물 내 강의실에서 교육을 실시하고 있다. 주요 교육 내용은 저작권의 개요를 비롯하여 올바른 저작물 이용방법, 저작권 바로 알기, 저작권 문제에 대한 대응능력 갖추기, 저작권 침해 실태 및 심각성에 대한 소개, 저작권 체험활동 등이다. 교육 미이수자에 대해서는 담당검사의 판단 및 통상적인 절차에 따라 처분하게 된다.

이러한 교육조건부 기소유예제도는 경미한 저작권 침해일 경우 선도의 기회를 제공함으로써 전과자 양산을 막고 제대로 된 저작권 관련 지식을 갖도록 하는 데 취지가 있다. 따라서 체계적인 저작권 교육을 통해 올바른 저작권 문화를 일궈낼 수 있을 것으로 기대된다.

2. 청소년들의 저작권 침해 실태

우리 청소년들이 저작권 위반으로 적발된 횟수가 2005년에서 2008년까지 3년 동안 약 75배나 증가한 것으로 나타나 청소년 대상의 체계적인 저작권 교육이 시급하다는 지적을 피할 수 없게 되었다. 올해 국정감사에서 한나라당 진성호 의원이 배포한 문화체육관광부에 대한 질의자료에 따르면, 2005년 대비 2008년도의 저작권법 위반횟수를 연령대별로 분석한 결과 10대가 2005년 325건에서 2008년 24,231건으로 74.6배 폭증했다는 것. 20대는 3년 동안 1,767건에서 18,377건으로 10.4배 늘어 뒤를 이었고, 30대는 2.4배, 40대는 1.9배 증가한 것으로 나타났다. 2005년 저작권법 위반횟수를 연령별로 살펴보면, 40대(3,945건)＞30대(3,289건)＞20대(1,767건)＞10대(325건) 순이었지만, 2008년에는 이와는 반대로 10대(24,231건)＞20대(18,377건)＞30대(7,936건)＞40대(7,425건)으로 나타났다. 또, 경찰청 자료에 따르면, 저작권 침해사범은 2006년 19,080명, 2007년 25,271명, 2008년 91,683명으로 급증했으며, 2009년에 9월 현재 이미 66,687명을 넘어섰다.

또 우리 누리꾼들이 가장 흔하게 저지르는 저작권법 위반행위는 자신의 블로그나 카페에 영화나 음악 등을 무단 업로드한 경우인 것으로 나타났다. 특히 여성보다는 남성이 위반 행위를 저지른 경우가 많았고, 연령대는 20대가 가장 높은 비율을 차지하고 있는 것으로 집계되었다. 최근 대검찰청 형사부와 한국저작권위원회가 밝힌 '저작권 교육조건부 기소유예 대상자 분석' 보고서에 따르면 자신의 블로그와 인터넷 카페에 영화나 음원 등 불법 콘텐츠를 이용한 경우가 전체의 45%로 가장 많았던 것. 이어 파일공유 사이트 등을 통한 콘텐츠 불법유통이 26%, 웹하드를 이용한 무단 업로드 및 다운로드 21% 순이었다.

저작권 위반행위를 콘텐츠별로 보면 음악이 38%, 영화나 드라마 등 영상물이 34%로 주류를 이루고 있다. 이어 소설·각종 교육교재(11%), 사진·미술 저작물(6%), 게임(2%) 순이었다. 성별로 보면 남성(73%)이 여성(27%)에 비해 3배 가까이 많았다. 위반 행위를 가장 많이 하는 연령대는 20대로 전체의 절반 이상인 52%를 차지했다. 이어 30대 25%, 40대 11%, 50대 6%, 10대 4% 순이었으며 60대도 2%를 차지하는 것으로 나타났다. 이번 통계는 검찰이 지난 3월부터 본격 실시한 '저작권 교육조건부 기소유예처분'을 받은 8,279명을 분석한 것이다.

이러한 추세에 대해 '실효성 있는 청소년 저작권 교육대책을 마련하는 것'만이 사태를 해결할 수 있는 유일한 수단임을 지적하는 목소리가 높아지고 있다. 아울러 "저작권 교육조건부 기소유예 처분에 따른 교육을 시행하는 장소가 수도권은 저작권교육원, 비수도권은 지방 국립박물관과 국립대로 한정돼 있어 접근성이 떨어진다"는 점에서 "교육장소를 확충하고 교육내용을 보완해 교육조건부 기소유예제도의 시행효과를 극대화시킬 필요가 있다"는 주장도 이어지고 있다.

3. 저작권 침해행위, 어떻게 줄일 것인가?

국회 문화체육관광방송통신위원회 소속 민주당 변재일 의원은 최근 문화체육관광부 국정감사 보도자료에서 "저작권에 대한 국민들의 인식 수준이 낮은 가운데 저작권 보호 규제가 강화되면서 위반 사례가 크게 늘어나고 있지만 정부의 교육과 홍보가 미비해 사회적으로 많은 혼란이 야기되고 있다"고 지적했다. 대검찰청 집계에 따르면 2009년 초부터 지난 7월까지 저작권법 위반 건수는 약 67,000건이며 컴퓨터프로그램보호법 위반은 3,000여 건에 이르는 것으로 나타났다는 점을 예시하며, "상습적인 저작권 침해자의 계정을 정지하고 불법복제물 유통게시판 서비스를 정지하는 내용을 담고 있는 개정 저작권법이 2009년 7월 23일부터 시행됐지만 정부의 교육과 홍보는 법 시행 직전이나 시행 이후에 진행됨으로써 네티즌 등이 제대로 법 개정내용을 알지 못했다"고 진단했다. 이로 인해 인터넷상에서 "모든 저작물 이용이 금지된다"거나 "블로그와 카페 절반이 폐쇄될 것이다"라는 이른바 '저작권 괴담'이 급속히 유포됐다는 것이다.

결국 "청소년들은 저작권에 대한 인식이 일반 성인에 비해 부족해 부지불식간에 침해하는 경우가 많지만 저작권자로부터 위임을 받은 일부 법무법인이 고소와 형사고발 취하를 조건으로 과도한 합의금을 요구해 사회적으로 문제가 되고 있다"는 점에서 '저작권 교육조건부 기소유예' 제도를 적극 활용하고 홍보할 필요가 있다는 공감대가 형성되고 있는 것으로 보인다.

어쨌든 법의 사각지대에 놓여 있는 이들의 무지를 틈타 일방적인 권리행사에 나서는 일부 저작권자들의 행태는 비난받아 마땅하다. 그렇다 보니 다양한 법률 서비스를 통해 정당한 권리자의 권익 보호에 앞장서야 할 법조인들이 일부 저작권자들의 몰지각함을 등에 업고 누리꾼들의 저작권 침해사례를 찾아내는 데 혈안이 되고 있는지도 모르겠다. 그리고 일부 법률사무소에서는 무더기로 고소장을 제출한 뒤 고소취하를 미끼로 합의금 지불을 종용한다고 하니 안타깝기 그지없다.

저작권은 당연히 보호해야 한다. 인간의 사상과 감정을 표현한 창작물을 통해 세상을 좀더 아름답게 가꾸려는 노력이 전승되려면 저작권은 반드시 지켜져야 한다. 그렇기에 최고의 지성을 표방하는 대학가에서 여전히 교재의 불법복제가 성행한다면 이는 문화민족임을 자처하는 우리에게 치명적인 모순이 아닐 수 없다. 인생의 자양분이 되어야 할 고급 지식과 정보를 저작권과 출판권을 침해한 불법 복제물로부터 얻는 행위는 곧 건강을 염려하면서도 불량 식품을 통해 영양분을 섭취하는 일이나 다름없기 때문이다. 그런데 법으로만 지켜지는 권리는 곧 한계를 드러내게 마련이고, 그 한계는 또 다른 법으로 극복할 수밖에 없다. 이제라도 '법보다 사람'이라는 인식 아래 저작권 보호는 공중도덕을 지키는 일이나 한가지라는 믿음이 널리 퍼져야 할 것이다.

권영준(2007). 『저작권 침해판단론』. 서울 : 박영사.

권택영 · 최동호 편역(1985). 『문학비평용어사전』. 서울 : 새문사.

귀여니(2003). 『그 놈은 멋있었다 1』. 서울 : 도서출판 황매.

김규성(2005). 『소프트웨어 저작권과 소프트웨어 관리』. 서울 : 한국 소프트웨어저작권협회.

김기태(2005). 『디지털 미디어 시대의 저작권』. 서울 : 도서출판 이채.

_____(2007). 『신저작권법의 해석과 적용』. 서울 : 세계사.

_____(2007). 「학술저작물 유통과 저작권 보호에 관한 연구」, 《한국 출판학연구》, 통권 제52호. 서울 : 한국출판학회.

_____(2008). 「형식주의적 논문쓰기의 문제점과 올바른 인용 방식에 관한 연구」, 《한국출판학연구》, 통권 제54호. 서울 : 한국출판 학회.

_____(2009). 「문학작품의 저작물성 판단기준에 관한 연구」, 《한국 문예창작》 통권 제15호. 서울 : 한국문예창작학회.

_____(2009). 「공유저작물의 상표권 주장에 관한 고찰-도서 『어린왕 자』를 중심으로」, 《한국출판학연구》, 통권 제56호. 서울 : 한국 출판학회.

_____(2009). 『김기태 박사의 저작권 클리닉』. 서울 : 도서출판 이채.

남형두(2007). 연구보고서 「표절문제 해결방안에 관한 연구(1) ― 문 화산업 발전을 위한 토대로서 저작권의식 제고를 위한 기초연구」, 서울 : 저작권심의조정위원회.

남형두(2009). 「표절과 저작권침해」, 《창작과 권리》, 2009년 봄호(제
54호). 서울 : 세창출판사.

류시화 엮음(1998). 『지금 알고 있는 걸 그때도 알았더라면』. 서울 :
열림원.

마종기(1980). 『안 보이는 사랑의 나라』. 서울 : 문학과지성사.

문화관광부 · 저작권심의조정위원회(2007). 『개정 저작권법 해설』.
서울 : 문화관광부.

박영길(2003). 「저작권에 있어서의 아이디어 보호」, 《계간 저작권》,
2003년 봄호. 통권 제61호. 서울 : 저작권심의조정위원회.

안도현 엮음(2008). 『당신이라는 말 참 좋지요』. 파주 : 창비.

오경호 편저(1989). 『印刷커뮤니케이션入門』. 서울 : 범우사.

오승종 · 이해완(2004). 『저작권법(제3판)』. 서울 : 박영사.

이승우(2008). 『소설을 살다』. 서울 : 마음산책.

장인숙(1989). 『저작권법원론』. 서울 : 보진재출판사.

저작권심의조정위원회(1988). 『저작권용어해설』. 서울 : 저작권심의
조정위원회.

정과리(2008). 『네안데르탈인의 귀환』. 서울 : 문학과지성사.

정상조(1992). 「저작물의 창작성과 저작권법의 역할」. 『한국저작권논
문선집 I』. 서울 : 저작권심의조정위원회.

정호승(1997). 『사랑하다가 죽어버려라』. 서울 : 창작과비평사.

피천득(1976). 『수필』. 서울 : 범우사.

한국학술단체연합회 편(2006). 『학문연구의 윤리적 문제와 저작권 보
호』. 제3회 한국학술현황점검 심포지엄 발표논문집. 서울 : 한
국학술단체연합회.

한승헌(1992).『정보화시대의 저작권』. 서울 : 나남.

_____(2003).『눈물은 왜 짠가』. 서울 : 이레.

함민복(1996).『모든 경계에는 꽃이 핀다』. 서울 : 창작과비평사.

허수경(1992).『혼자 가는 먼집』. 서울 : 문학과지성사.

허희성(1988).『신저작권법축조개설』. 서울 : 범우사.

버지니아 울프. 최애리 옮김(2007).『델러웨이 부인』. 서울 : 열린책들.

이매뉴얼 월러스틴. 유희석 옮김(2007).『지식의 불확실성』. 파주 :
　　창비.

Charles Lipson. 김형주 · 이정아 옮김(2008).『정직한 글쓰기』. 서
　　울 : 멘토르.

Hebrt S. Bailey(1970). *The Art and Science of Book Publishing.*
　　Austin : University of Texas Press.

고려대학교 연구윤리지침(2007).

한국학술단체총연합회 연구윤리지침(2009).

문화체육관광부 홈페이지(www. mct. go. kr).

저작권위원회 홈페이지(www. copyright. or. kr).